KB215064

의료용 마약부터 불법 약물까지,
꼭 알아야 할 마약 예방법

마약, 중독의 시대를 말하다

의료용 마약부터 불법 약물까지, 꼭 알아야 할 마약 예방법

마약, 중독의 시대를 말하다

배현 지음

두드림미디어

글을
열면서

아직도 대한민국이
안전하다고 생각하시나요?

한번 손대면 멈출 수 없다는 의미로 사용되는 단어, 마약.

이 책을 읽기 전에 눈을 감고 '마약'이라는 단어를 곰곰이 떠올려 보세요. 어떤 단어가 연상되나요? 아마도 긍정적인 말을 생각하는 사람은, 아무도 없을 것입니다. 심지어 '마약'에 빠져 있는 사람조차 말이에요.

저는 수년 동안 '마약 예방 교육'을 진행할 때 이 질문을 먼저 학생들에게 물어보고 시작합니다. 물론 장난치는 학생들을 제외하면 모두 '중독, 범죄…' 등 부정적인 단어를 이야기해요. 이렇게 모든 사람이 부정적으로 생각하는 '마약'인데요. 어째서 마약류로 단속되는 사람들은 줄지 않고 늘어만 갈까요? 마약 예방 교육을 하는 강사로서 정말 심각하게 고민이 되는 지점이 아닐 수 없습니다.

숨어 있는 마약 사용자를 알려주는 '암수율'

그러면 우리나라 마약 사용자는 얼마나 될까요? 그것을 대략이라도 파악하기 위해서는 '암수율'에 대해 알고 있어야 합니다.

마약 사용자는 숨어 있는 경우가 많습니다. 마약류를 사용한다는 것은 건강에 좋은 영양제를 먹는 게 아니잖아요. 더군다나 '마약' 사용은 불법인 것을 모르는 사람은 없겠죠. 그 때문에 사용하고 있어도 대놓고 말하는 사람은 당연히 없을 것입니다. 이렇게 숨어 있는 비율을 '암수율'이라고 합니다. 2019년 박성수, 박민혁이 발표한 연구 '마약류 범죄의 암수율 측정에 관한 질적 연구(2019)'에 의하면, 마약류 범죄 암수율이 28.57배라고 해요. 즉, 마약류 범죄로 10명이 잡혔다면, 실제로는 범죄자가 286명이 존재한다는 말입니다.

2023년 대검찰청에서 발표한 '마약류 범죄 백서'에 의하면, 2023년 마약 사범이 27,611명이었다고 해요. 역대 최초로 2만 명을 넘은 것인데요. 암수율을 고려한다면 실제 마약 사용자는 약 788,846명으로 나타납니다. 어마어마한데요. 실제로 검거된 마약 사범 뒤에는 엄청나게 많은 마약 사용자가 존재함을 알 수 있어요.

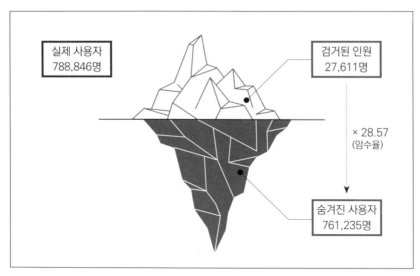

중요한 것은 눈에 보이지 않는 숫자 (출처 : 마약류 범죄 백서(2023))

그간 발표된 '마약 사범' 수에 암수율을 적용해보지요. 그래프를 보면 마약 사용자 증가 폭이 생각보다 훨씬 높음을 알 수 있습니다.

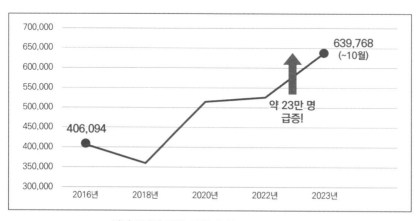

지난 8년간 마약 사범 추이 (출처 : 대검찰청)

이 추세라면, 그리고 막지 못한다면 정말 끔찍한 미래가 우리를 기다리고 있을 거예요. 이게 가능하겠냐고 물으신다면 청나라 말기 아편에 빠진 상황을 떠올리면 쉬울 것 같습니다. 아편을 피우는 게 독버섯처럼 번지던 청나라 말, 그 시대상을 그려낸 '수성십이경'에는 아편을 구하기 위해 건강했던 한 남자가 세간살이도 모자라 부인과 아이를 팔고, 결국에는 죽음에 이르게 되는 내용이 그려져 있습니다. 영국에서 무역적자를 해소하고자 청나라에 수출한 '아편이 순식간에 한 나라를 어떻게 무너뜨렸는지 역사는 숨김없이 보여줬죠.

놀랍게도 마약류를 사용한 이유는 '이것'

마약류 사용이 갈수록 늘고 있는 이유는 무엇일까요? 그것은 '중독'과 '호기심'이라는 2가지 가장 큰 이유가 존재했습니다.

"호기심에 마약을 한다고? 설마!"

여러분께서는 말도 안 된다며, 이렇게 말씀하실 수 있겠죠. 하지만 이것은 2023년 '마약류 범죄 백서'에 드러난 사실입니다. 마약과 대마를 사용한 이유가 '기타'를 제외하면, 호기심이 1위를 차지했어요. 그에 반해 '향정신성 의약품'은 호기심보다는 중독이 월등히 높은 비율을 차지했습니다. 왠지 마약류는 강제로 사용했을 것 같은데, 그 비율은 0.1%에 불과했습니다. 우연히 사용한 것을 제외하고, 나머지는 결국 본인이 선택해서 마약류를 사용했다는 것이 되겠네요.

(단위 : %)

구분	유혹	우연	강압	중독	호기심	영리	치료	기타	합계
마약	2.1	10.5	0.1	3.6	14.4	2.0	3.5	63.8	100
향정*	11.0	1.5	0.1	23.8	10.1	11.4	1.9	40.2	100
대마	11.7	2.4	0.1	17.0	19.5	4.7	1.4	43.2	100
합계	9.9	2.9	0.1	19.8	12.5	8.9	2.0	43.9	100

마약류를 사용한 이유 (출처 : 마약류 범죄 백서(2023년))

마약 예방 차원에서 이 통계가 시사하는 바는 매우 큽니다.

'마약'을 제대로 알고 있었다면, 호기심 따위로 마약을 손대지 않았을 테니까요. 그리고 마약이 체내에 작용했을 때 몸에서 나타나는 변화를 이해하고 있었다면, 우연히 몸에 들어온 '마약'을 인지할 수 있게 되었을 것입니다. 마약을 인지하는 것은 추후 범죄를 예방하고 치료하는 첫걸음이 될 수 있습니다. 이 책은 바로 이렇게 '마약류'나 '중독성 약물류'를 바로 보기 위해서 만들어졌습니다.

중독성 약물은 여러분의 약점을 파고듭니다

얼마 전 인기 있는 두 젊은 연예인이 물의를 일으킨 사건이 있었죠.

---

* 향정 : 향정신성 의약품의 줄임말

전 세계적인 인기를 얻고 있는 아이돌 그룹의 멤버 A씨가 음주로 인한 물의를 일으켰는데요. 그는 늦은 밤 서울 용산구 한남동에서 전동 스쿠터를 타다 사고를 냈는데, 당시 혈중 알코올 농도는 무려 0.227%로, 면허 취소 기준(0.08%)의 거의 3배에 달했다고 해요. 사고 직후에는 그냥 넘어진 줄 알았지만, 경찰 조사를 통해 음주 상태였음이 드러났고, 결국 약 1,500만 원의 벌금을 부과받았습니다. 다행히 인명 피해는 없었지만, 세계적인 스타로서 책임감에 비춰볼 때 많은 팬들에게 실망감을 안겨줬고, 공인으로서의 경각심을 다시금 생각하게 만든 사건이었습니다.

또한 유명 영화배우 B씨는 프로포폴 상습 투약 혐의로 검찰 조사를 받았죠. 2년 동안 100여 차례나 프로포폴을 투약한 혐의였습니다. 그런데 조사 도중 대마, 코카인, 케타민 성분까지 검출된 것으로 확인되었어요. 말 그대로 마약류 중독자였던 것입니다. 프로포폴은 그렇다 치고, 마약은 언제부터 한 것이었을까요? 영화는 제정신에 찍은 것이었을까요?

술(알코올)과 담배(니코틴), 향정신성 의약품(프로포폴, 케타민 등), 마약류(대마 등)는 모두 중독성이 강한 '약물'들입니다. 그런데 유명 연예인들이 자신의 미래를 망쳐가며 중독성 약물에 빠지는 이유는 무엇일까요? 유명인들이 중독성 약물에 빠지게 된 이유는 다양하지만, 주로 스트레스, 우울증, 과도한 압박 등이 그 이유로 지목됩니다. 즉, 정신적 피로감을 이겨내기 위해 순간적 쾌락을 안겨주는 '약물'의 유혹에 빠지는 거예요.

그러고 보니 정신적 피로감은 유명 연예인들만 겪는 일이 아닐 것입니다. 치열한 입시 전쟁에 빠진 청소년, 좁은 취업 문을 뚫기 위해 고군분투하고 있는 청년들, 육아에 지친 주부, 언제 직장에서 밀려날지 걱정되는 직장인, 하늘 높은 줄 모르고 올라가는 금리와 플랫폼 압박에 쩔쩔매는 자영업자까지. 어찌 보면 대한민국에 사는 사람들 모두 하루하루를 견뎌내고 있는 것 아니던가요? 이런 상황 속에 합법적인 약물인 카페인과 알코올, 니코틴에 의지하고 살아가는 사람들도 늘어날 수밖에 없을 거예요. 마약 중독자 역시 늘고 있고, 나이도 어려지고 있다고 합니다.

약물로부터 나를 지키려면 약물을 잘 알아야 합니다

당연히 이제 대한민국도 더 이상 '마약 청정국'이 아닙니다.

마약 청정국은 과거 대한민국 마약에 대한 당당한 위상을 알려줬던 표현이었죠. 사실 마약 청정국은 공식 명칭이 아닌데요. 통상적으로 인구 10만 명당 마약 사범이 20명 이하라면 마약으로부터 안전한 나라로 볼 수 있고, 이를 표현하기 위해 사용된 명칭입니다.

우리나라 인구를 5,000만 명으로 본다면, 마약 사범 수가 10,000명 이하여야 '마약 청정국' 위치를 유지할 수 있습니다. 그런데 앞서 살펴본 대로 2023년에 적발된 마약 사범 수는 27,000여 명으로 기준치를 훌쩍 뛰어넘었습니다. 앞으로 그 수는 더욱 늘어날 것이라는 전망도 있어요. 이제 우리도 마약을 걱정해야 하는 나라가 된 것입니다.

　비단 불법적 마약만이 문제가 아닙니다. 합법적 마약도 버젓이 문제가 되고 있어요. 2021년에는 청소년들이 펜타닐 패치를 처방받아 흡입뿐 아니라 판매까지 해서 경찰에 붙잡힌 사건이 큰 이슈가 되었죠. 제가 아는 약국 중 비만 클리닉 처방을 주로 수용하는 곳이 있는데요. 이곳에서는 살을 빼기 위해 많은 사람이 식욕억제제를 처방받지만, 어떤 사람들은 컨디션을 유지하기 위해 처방받기도 한답니다. 물론 의사에게는 숨긴 채 말이죠. 일부 환자는 무서워서 약을 끊고 싶어 하지만, 약을 중단하면 몸이 너무 힘들어서 그럴 수 없다며, 괴로워하기도 한다는 말을 전해 들었어요. 도대체 국내 중독성 약물의 올가미에 빠진 사람들은 얼마나 될까요? 정확한 실태 파악이 되고 있을까요?

　문제는 많은 사람이 마약이나 향정신성 약물 등 중독성 약물에 대해 정확하게 모르고 있다는 것입니다. 그리고 우리가 '마약'에 대해 오해하고 있는 것 중 하나는 '마약'을 사용하는 사람들이 처음부터 쾌락을 추구하기 위해 약물을 사용했던 거라고 생각하는 것이죠. 또 마약을 사용하는 사람들이 불법으로 약을 구하고, 불법으로 약을 사용하는 범죄자이니 법적 처벌을 강하게 해야 한다고 생각할지도 모르겠습니다. 하지만 그저 호기심에, 잠시 괴로움을 잊기 위해 순간 유혹을 견디지 못하고 약에 손을 대는 사람들도 많을 거예요.

또 마약 중독자 중 일부는 처음에는 마약이 아닌 통증을 막기 위해서 약을 사용하다가, 누군가에게 몸에 좋다는 제품을 선물 받았다가, 동료 무리에 같이 어울리다가, 내가 모르는 사이에 몰래 내 음료 등에 넣는 등 범죄에 노출되어 마약류를 사용하게 되기도 합니다.

중요한 것은 자의든, 타의든 한번 사용한 약물을 끊어내기는 매우 힘들다는 것입니다. 결국 우리는 어떻게 해서 약물에 중독이 되며, 어떤 약물들이 위험한지 미리 알고 있어야 마약류 중독 예방이 가능해진다고 생각합니다. 또 약물을 잘 알아야 치료 후 일상으로의 복귀도 가능해질 것입니다.

마약 사범, 무엇보다 중요한 것은
예방과 재범하지 않도록 치료하는 것

과거 한센병에 걸린 환자를 죄악시했던 적이 있었습니다. 사실 한센병 환자는 나균에 감염된 것뿐인데 말이죠. 병에 걸렸다는 이유로 섬에 격리되고, 실험 대상이 되기도 했습니다. 이제는 병의 원인과 증상이 명확하게 밝혀져 더 이상 병에 걸린 환자 자체를 처벌하지 않아요. 치료의 영역으로 들어간 것입니다. 마약류에 중독되어 불법적으로 사용하는 사람들은 현행법상 분명 범죄자입니다. 하지만 동시에 치료해야 하는 환자인 것도 분명합니다. 약물 중독이 되면 뇌 손상이 일어나 스스로 중독을 끊을 수 없기 때문입니다.

중독성 약물 남용 문제는 그 규모가 크고 복잡해서 다양한 분야의 전문가들과 사회적 노력이 필요할 것입니다. 그보다 먼저 반드시 선행되어야 할 것은 바로 약물에 대한 정확한 이해예요. 중독성 약물에 정확하고 많이 알수록 피할 방법도 잘 알 수 있기 때문입니다.

약물 중독은 치료보다 예방이 중요한 것은 아무리 강조해도 부족함이 없다고 생각합니다. 앞으로 알려드리는 중독성 약물에 대한 정보가 여러분의 소중한 일상을 지키는 작은 방패가 될 수 있기를 진심으로 바라봅니다.

배현

차례

Chapter 1 일상을 파고든 중독성 약물

Chapter 2 의료용 마약이 더 위험하다!

약물 중독,
당신도 예외는 아닙니다

한 개비, 한 잔의 유혹

"야 야, 쟤는 담배도 끊은 놈이야. 상종도 마라. 아주 독종이다. 독종."

　결심이 강하고 독한 사람을 말할 때 주로 쓰는 말 중에, '담배도 끊은 놈'이라는 표현이 있습니다. 많은 사람에게 이렇게 쉽게 사용된다는 것은 대부분 사람이 그 의미를 이해할 수 있다는 것입니다. 담배를 피우는 사람보다 그렇지 않은 사람이 더 많을 텐데, 그 힘듦을 어떻게 알 수 있을까요? 그것은 주변에 담배에서 벗어나지 못하는 수많은 사람을 봐왔기 때문일 것입니다. 새해 다짐에 항상 '금연'이 등장하지만 작심삼일로 그치고, 대부분의 흡연인들은 다시 연말까지 담배를 피우지요. 담배를 피울 수 있는 공간이 갈수록 줄어 눈치를 봐가면서 피워야 하지만, 그래도 짧은 '담타(담배를 피우는 시간)'를 얼마나 소중하게 생각하는지 모릅니다. 그러면 안 좋은 줄 알면서 왜 이렇게 피울까요? 무엇이 질긴 인연을 끊지 못하게 하는 것일까요?

커피는 또 어떨까요?

아침 출근, 아직 몽롱한 정신을 깨우는 것은 바로 커피 한 잔이지요. 아마 여러분들 중에서도 하루 시작을 커피와 함께하신다고 말하는 분들이 계실 거예요. 청소년 중에서도 힘들게 공부하면서, 늦은 밤에 잠 깨기 위해서 고카페인 음료를 마시는 일도 있지요.

커피가 좋지 않다는 말을 귀에 박히게 들었을 테지만, 그래도 한번 맛을 본 친구들은 그 효과를 잊지 못합니다. 청소년에게는 커피가 좋지 않다고 말해도 소용없어요. 심지어는 몸이 아파 약을 타면서도 약사가 "커피를 먹지 말라"고 하면 정말 힘든 표정을 짓기도 하죠.

술은 또 어떨까요?

기분이 좋거나 슬픈 일이 있거나, 힘든 하루를 마무리할 때도 술이 빠지면 서운하지요. 그야말로 우리나라는 '음주가무의 나라'입니다. '감기를 치료하는 약을 먹을래, 술을 먹을래?' 물으면, 일단 술을 먹고 나중에 약을 먹겠다고 하는 사람들도 많아요. 진짜냐고요? '찐'입니다!

지금 말씀드린 커피, 담배, 술 모두 중독성 약물이라고 명칭 한다면 믿으시겠어요? 놀랍게도 이것도 진실입니다. 이 약물들은 마음만 먹으면 끊을 수 있을 것 같은데 그렇지 못해요. 한번 접하기 시작하면 뇌에 작동하는 주도권이 약물에 넘어가기 때문입니다. 그 이유는 무엇일까요? 그것은 바로 이 '중독성 약물'들이 뇌에 들어가 뇌에 변화를 유발하기 때문입니다. 이 작용은 너무 강력해요. 이 변화를 알아야 '중독성 약물'을 제대로 이해할 수 있게 됩니다.

중독은 무엇을 말할까요?

여기서 잠깐! 중독성 약물에 관해 이야기하기 전에 '중독(中毒)'이 어떤 의미로 사용되는지 살펴볼 필요가 있습니다. 여러분은 '중독'이라고 하면 어떤 게 떠오르세요? '마약 중독'도 떠오르지만, '연탄가스 중독', '화학물질 중독' 같은 것도 떠오르지 않나요? 그러고 보니 운동 중독, 게임 중독 등 중독은 다양한 곳에 사용되고 있습니다.

우리나라에서는 중독이 2가지 의미로 모두 쓰이는데요. 첫 번째는 '독성(toxic)'의 의미예요. 이것은 중독의 원인으로 인해 신체적 기능에 문제가 발생한 것을 의미합니다. 연탄가스 중독이나 화학물질 중독 등이 여기에 해당하겠죠. 두 번째는 '갈망, 욕구(desire)'의 의미예요. 이것은 주로 정신적인 문제가 되겠죠. 중독의 원인에 빠지면 그것만 계속 원하는 상태가 되는 것입니다. 마약 중독이나 알코올 중독, 운동 중독, 게임 중독 등이 여기에 해당해요.

물론 중독의 2가지 의미가 딱 구분되어 사용되지는 않습니다. 하지만 '중독성 약물'은 주로 '갈망, 욕구(desire)'의 의미로 사용되며, 이로 인해 '독성(toxic)'이 같이 나타난다고 보면 좋을 것 같습니다.

중독성 약물을 복용했을 때 머릿속 변화 5가지

중독성 약물을 복용하고 난 뒤 머릿속 변화는 5가지로 정리해볼 수 있습니다.

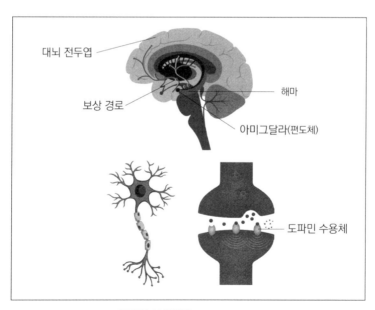

도파민 보상회로 (출처 : 프리픽)

1. 보상 경로

우리 뇌에는 보상 경로라는 게 있답니다. 보상 경로는 내가 어떤 일을 해냈을 때 뇌에서 수고했다고 주는 보너스와 같아요. 만약 아침 운동을 한다고 해보죠. '운동은 신발을 신고 문밖을 나서는 것이 끝이다'라고 할 정도로, 시작하기가 어렵죠. 하지만 이미 시작하고 나서 목표를 달성하고 나면, 머리(복측피개영역, VTA)에서는 도파민이 분비됩니다. 도파민은 쾌감을 느끼게 만드는데요. 이 쾌감은 또다시 운동하게 만드는 역할을 합니다. 즉, 동기 부여는 도파민 분비와 매우 밀접한 연관이 있습니다. 보상 경로에서 도파민 분비는 이처럼 어떤 목표를 달성했을 때뿐만 아니라 기대감을 품을 때도 분비됩니다. 기대감에 설레는 느낌 또한 도파민과 연관 관계가 있다고 볼 수 있죠. 중독성 약물의 복용은 힘들게 목표를 달성하지 않아도 도파민을 분비하게 만듭니다. 자연적으로 분비되는 것보다 훨씬 많은 양을 말이죠. 즉, 약물 사용 자체가 쾌감을 느끼게 만든다는 것입니다. 이 때문에 중독성 약물을 경험한 사람은 다시 사용하고 싶은 유혹에 빠질 수밖에 없게 됩니다.

2. 도파민 수용체

중독성 약물은 도파민에 반응하는 뇌 수용체 구조와 기능을 변화시킵니다. 과도한 도파민 분비로 인해 도파민 수용체가 손상되며, 과도한 흥분성 기전으로 인해 신경 세포 손상도 이어지게 되죠. 이런 현상은 도파민에 대한 민감도를 저하시켜 시간이 지날수록 약물에 대한 욕구를 증가시키게 됩니다.

3. 대뇌 전두엽

판단, 충동 통제 및 판단 능력을 담당하는 전두엽은 중독성 있는 약물로 손상을 입게 됩니다. 약물에 대한 욕구를 저항하거나 합리적인 결정을 내리기 어렵게 만들죠. 흐려진 판단력은 약물을 지속적으로 찾게 만들고, 윤리적인 판단을 하기 어렵게 만듭니다. 약물에 대한 갈망으로 범죄적 행위를 서슴지 않는 것은 이러한 뇌 기능 손상과 연관이 있다고 볼 수 있어요.

4. 아미그달라

아미그달라는 대뇌 기저부에 있는 해마와 인접한 구조로, 감정과 기억 등의 처리에 관여합니다. 아미그달라는 불안, 공포, 분노와 같은 감정의 인지와 조절, 그리고 사회적 상호작용 등에도 중요한 역할을 하는데, 중독성 있는 약물은 아미그달라를 자극해서 불안과 스트레스를 증가시킵니다. 이는 약물을 갈구하는 것을 유발할 수 있어요. 아미그달라의 기능에 이상이 있으면 감정이나 행동, 인지와 관련된 문제들이 발생할 수도 있습니다.

5. 해마

중독성 있는 약물은 기억 형성과 검색을 담당하는 해마의 기능을 손상시켜 기억력과 인지능력을 손상시킬 수 있습니다.

남용을 유발하는 머릿속에 작용하는 두 종류의 중대한 약물들

앞서 살펴본 머릿속 변화는 주로 도파민이 증가하기 때문에 나타나는 것입니다. 도파민 분비를 촉진하는 약물들은 우리가 흔히 알고 있는 카페인, 알코올, 니코틴뿐 아니라 살 빼는 약(펜터민 등), 집중력 높이는 약으로 알려진 ADHD 치료제(메틸페니데이트) 등도 포함됩니다. 이러한 약물들 모두 흥분을 유발할 수 있죠.

흥분을 유발하는 약들뿐 아니라 억제하는 약물도 습관, 남용될 가능성이 높습니다. 프로포폴과 같은 수면 마취제가 대표적이죠. 뇌를 억제하는 약물에 중독되는 이유는 무엇일까요? 그것은 우리가 사는 세상에서 이유를 찾을 수 있을 것 같습니다. 현대 사회 속 대중은 다양한 이유로 불안과 흥분 등 스트레스를 지속해서 받는 상황이 많은데요. 만성적 스트레스 상황에서는 가바(GABA) 수용체 기능이 억제되어 제대로 작동하지 못합니다.

가바 수용체는 뇌에서 가바라는 신경전달물질 수용체로 작용합니다. 가바는 진정과 안정을 유지하는 역할을 하는데요. 여기에 문제가 생기면 불안감, 긴장감이 증가하며, 신경전달물질인 노르에피네프린과 적절한 조절이 이뤄지지 않아 항상 경계 모드에 있게 됩니다. 이러한 상태가 장기간 지속될 경우 우울증, 불안장애 등 정신질환을 유발할 수 있어요. 뇌 흥분을 억제하는 약물은 바로 가바 수용체에 작용하는데요. 이 때문에 약을 사용하면 안정감, 편안함 등을 느낄 수 있는 거예요. 또 이런 약물들은 도파민 분비와도 연관이 되기 때문에 중독에 빠질 수 있습니다. 수면 마취제인 프로포폴에 중독된 사람들이 수면 마취에서 깬 뒤 잠을 푹 자고 편안해지는 느낌을 받는 것은 가바 억제와 도파민 분비와 연관되어 있습니다. 이런 기전을 생각해보면 특히 대중에 주목받는 연예인들이 프로포폴이나 스틸녹스(졸피뎀, 단시간형으로 가장 많이 남용되고 있는 수면제) 등에 쉽게 빠지는 이유를 알 수 있을 거예요.

하지만 문제는 다른 곳에 있습니다.

왜 처음과 같은 느낌을 느끼지 못하나?

앞서 말씀드렸듯 중독성 약물은 뇌신경전달물질이나 수용체에 작용합니다. 뇌 수용체는 매우 민감한 구조로, 다양한 약물이나 자극을 받게 되면 제 기능을 수행할 수 없게 돼요.

마약류를 예로 들면, 처음 약물을 사용하고 난 뒤 느꼈던 쾌감 또는 안정감은 약물을 반복적으로 사용함으로써 절대 느낄 수 없게 됩니다. 이를 '내성'이라고 해요. 내성을 이겨내는 방법은 더 많은 양을 사용하는 것입니다. 마약 중독자들의 가장 많은 사망 원인은 바로 호흡 억제인데요. 호흡 억제는 약물을 너무 많은 양을 사용하면서 치사량을 넘어버렸기 때문에 발생하는 것입니다. 코카인이나 필로폰 같은 흥분제는 과도한 심장 흥분으로 심장 마비를 일으키기도 합니다.

만약 이런 무서움을 느껴 약을 중단하면 어떻게 될까요? 정신적으로 약물을 사용하고 싶은 갈망뿐 아니라 신체적으로도 통증과 감각이상 등 다양한 금단증상으로 고통을 받게 됩니다. 마약을 하는 사람들은 처음에는 쾌락을 위해 마약을 하지만, 나중에는 약물 중독으로 인한 고통 때문에 지속한다고 한다고 하니, 한번 빠지면 헤어 나올 수 없는 늪이 바로 마약류 중독이라고 볼 수 있겠습니다. 마약류를 사용한 중독은 처벌 대상인 동시에 치료 영역으로 봐야 하는 것은 뇌 기능이 손상되어버리기 때문이겠죠.

청소년은 더욱 위험하다고?

이 책에서 중독성 약물을 이야기할 때 담배, 커피, 알코올과 같은 흔히 볼 수 있는 '약물' 이야기부터 시작했는데, 결국에는 마약류와 수면제와 같은 향정신성 의약품까지 이야기하게 되었습니다. 차차 말씀드리겠지만, 우리가 기호 식품처럼 사용하는 것들도, 마약류로 사용되는 것들처럼 모두 뇌신경에 작용합니다. 이것들은 중독성이 강하고 의존성이 생긴다고 하는 부분에서 보면, 같은 '약물'이라고 볼 수 있는 거예요. 특히 이러한 약물들은 뇌신경이 완전히 발달하지 않은 청소년의 경우 그 위험성이 더욱 높다고 볼 수 있어요. 청소년은 뇌신경을 흥분시키는 약물을 접하게 되면, 다른 중독성 행위에 빠지기 쉽다는 연구도 있다는 것을 명심해야겠습니다. 청소년들이 즐겨 하는 게임에 중독되는 행위 중독과 약물 중독 또한 매우 강한 상관관계가 있어요. 그러므로 약물 중독에 대한 예방 교육은 소아, 청소년에서부터 강하게 이뤄져야 할 것입니다.

병원에서 마약이 처방된다고?

마약류에 속하는 약물들은 진통제에서 안정제, 수면제, 식욕억제제, ADHD 치료제까지 매우 다양하므로 해당 질병이 있을 때는 당연히 처방받아 사용해야 하지요. 하지만 치료 용도가 아니라 약물에 중독되거나 마약류를 환각 등 다른 목적을 위해 처방받는 일이 일어나고 있다는 것이 문제입니다. 즉, 합법적으로 마약류를 구입하고 있는 것이죠.

마약성 진통제인 펜타닐뿐 아니라 비만 치료제인 펜터민까지 사실, 구하고자 하면 마약류를 쉽게 구할 수 있는 우리나라의 현실은 중독성 약물에 대한 우려를 갈수록 키우고 있습니다.

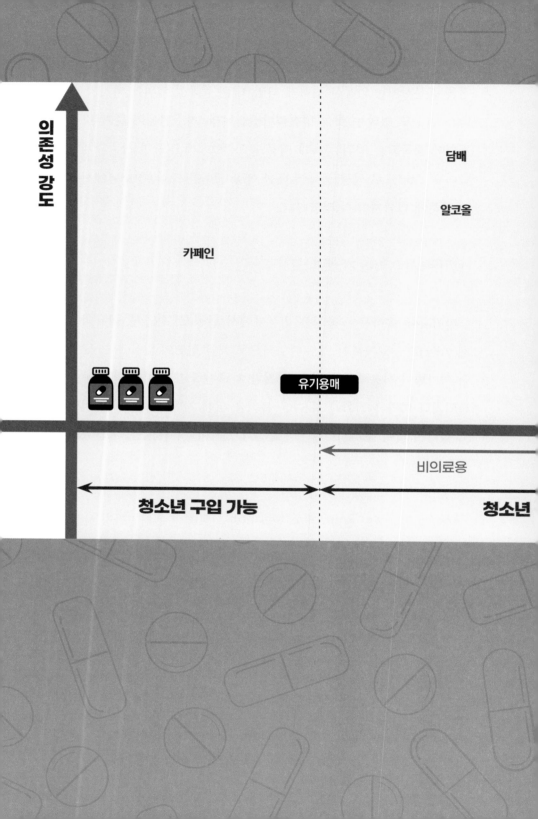

헤로인(디아세틸모르핀)
필로폰(메스암페타민, 흥분)
코카인

● 마약
● 향정신성 의약품
● 대마
● 유해화학물(환각물질)
● 기타 중독성 물질

메타돈(마약성진통제)
바비튜레이트(억제)

벤조디아제핀(억제)
암페타민(흥분)
케타민(억제)
대마초
메틸페니데이트(흥분)

LSD(리세르그산 디에틸아미드)
GHB(억제)
엑스터시(메틸렌디옥시 메스암페타민/MDMA, 흥분)
카트(케치논, 흥분)

아산화질소

의료용

구입 불가

전 연령 구입 불가

Chapter 1
일상을 파고든
중독성 약물

너무 쉽게 접하는 중독성 약물, 문제의 시작입니다!

다시 살펴보는 '약물'에 대한 정의

'약물'에 대한 뜻을 다시 한번 점검해보는 것이 좋을 것 같습니다. 약물은 '인간을 포함하는 생명체에 작용해서 육체적, 정신적 변화를 일으키는 모든 물질'을 말합니다.

약물은 약을 만드는 물질이라고 볼 수 있는데요. 우리는 흔히 '약'이라고 하면 질병을 예방하고 치료, 진단하는 것을 생각하지요. 그래서 '약물=약'이라는 오해가 생기기도 합니다. 질병으로부터 고통을 없애주는 물질의 공식 명칭은 '의약품'이지요. 이제부터 이 글을 읽으시는 여러분께서는 약물에 대한 인식을 새롭게 해주셨으면 좋겠습니다. 즉, 약물은 '질병을 치료하는 것과 그렇지 않은 것으로 나뉜다'라는 것입니다.

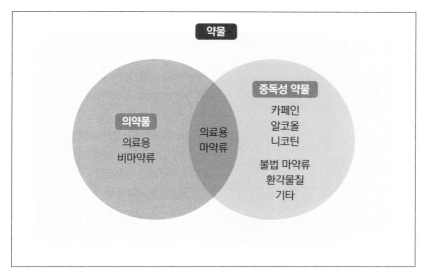

약물의 종류들

중독성 약물의 3가지 특징

중독을 일으키는 모든 약물을 '중독성 약물'이라고 부릅니다. 중독성 약물은 의존성, 내성, 금단현상이라는 3가지 특징을 갖고 있습니다.

첫째로, 의존성은 약물에 의지하게 만드는 것인데요. 몸이 아플 때 진통제를 계속 먹는다거나 조금만 몸이 안 좋으면 액상 감기약을 먹는다는 사람, 아침에 출근하면 커피 한잔을 꼭 먹어야 한다는 사람도 있지요. 이렇듯 몸에 나타나는 어떠한 증상을 완화하거나 정신적인 상태를 개선하는 데 반드시 약물을 사용해야만 하는 것이 의존성입니다. 의존성은 중독성 약물에서만 나타나는 것은 아닙니다만, 마약류에 의존성이 생기면 일상이 파괴된다는 데 위험성이 있지요.

둘째로, 내성은 처음 사용했던 용량으로는 효과가 나타나지 않아서 갈수록 많은 양을 사용해야 하는 것을 말합니다. 여러분께서는 아마도 '항생제 내성'이 위험하다는 말을 많이 들어보셨을 텐데요. 그래서 식품의약품안전처에서는 무분별하게 항생제를 사용하지 못하도록 규정하고 있기도 하죠. 중독성 약물은 앞서 살펴본 것과 같이 뇌에 있는 수용체를 망가뜨려 내성을 유발합니다. 내성이 의존성과 함께 나타나면 매우 위험해지는데요. 의존성으로 약물을 사용하지 않으면 살 수 없는데, 내성이 생겨 양과 사용 횟수를 갈수록 늘려야 한다면 어찌될까요? 돈이 많이 든다고요? 그것도 문제겠지만, 그보다 몸에서 견딜 수 있는 양을 넘겨버리는 것이 더 큰 문제입니다. 즉, 약을 너무 과용해서 사망에 이를 수도 있다는 말이에요.

셋째로, 금단현상입니다. 금단현상은 약을 사용하다가 중단하면서 나타나는 육체적, 정신적 문제를 말합니다. 처음에 호기심이든 그렇지 않든 간에 중독성 약물을 사용하게 되면 앞서 말씀드린 의존성 때문에 계속 사용하게 되는데요. 내성으로 사용량과 사용 횟수가 증가하면 누구든 걱정하게 됩니다. 이제 그만해야겠다는 생각에 약물을 중단하는데요. 중독성 약물의 경우 약을 중단하면 견딜 수 없는 고통 등 신체적 증상과 함께 무기력이나 우울감 등 정신적 증상이 나타나게 됩니다. 일반적인 약물의 경우 금단현상이 견딜 만한 정도라면, 마약류의 경우에는 개인이 참아내기 불가능한 수준이죠. 결국 이 고통을 이겨내기 위해서 약물을 다시 사용하는 안타까운 상황이 이어지게 됩니다.

의존성, 내성, 금단현상은 뇌의 변화와도 연관 있는데요. 마약류 중독이 된 사람들이 처벌뿐 아니라 치료 대상인 것은 이러한 이유 때문입니다. 혼자서 중단하고 싶어도 그럴 수 없으므로 반드시 전문가의 도움을 받아 치료해야 해요.

약물 중독은 행위 중독을 일으켜요

중독성 약물은 모두 크든 작든 도파민을 분비하는 효능을 갖고 있어요. 이렇게 약물을 사용해 도파민 샤워를 당해 뇌가 탐욕의 바다에 빠지면, 보다 많은 양의 도파민을 분비하기 위해 더 자극적인 것을 찾게 됩니다. 약물을 먹는다고 해도 한 가지만 사용하는 것이 아니라, 종류가 다른 약물을 서로 섞어 먹는 경우가 대부분입니다.

진짜 도파민은 더 많은 도파민 분비를 자극하는 행동을 유발하게 될까요? 이것에 관련된 쥐를 이용한 유명한 실험이 있습니다. 캘리포니아 대학 제임스 올즈(James Olds)와 피터 밀너(Peter Milner)는 쥐가 버튼을 누르면 뇌에 전기 자극을 주는 장치를 만들어 실험했어요. 이 전기 장치가 우연히 도파민 보상 회로에 닿으면서 놀라운 일이 벌어졌는데요.

버튼을 한 번 눌렀던 쥐가 물, 밥, 심지어 젖먹이 새끼도 거부한 채 탈진할 때까지 버튼을 계속 눌러댔던 거예요. 이 실험을 통해 도파민 자극에 대한 갈망은 쉽게 사라지지 않는다는 것을 알게 되었죠.

먹는 것뿐만 아니에요. 도파민에 과도하게 노출되기 시작하면, 어떠한 활동을 할 때도 과도하게 도파민을 분비하는 것들 위주로 찾게 됩니다. 심리학자 도웨이코(Doweiko)는 물질 중독과 행위 중독은 공통의 속성을 가지며, 공통의 요인에 의해 발생한다고 말하면서 '중독 장애의 단일화'는 용어를 사용했어요. 청주대학교 장수미는 국내 대학생 455명을 대상으로 음주와 도박 연관성을 조사했는데요(2016). 여러 가지 요인을 통제한 상태에서도 음주 문제는 도박 문제를 일으키는 것으로 나타났다고 합니다.

도파민을 과도하게 분비하는 활동은 과도한 위험 요소를 포함하고 있는 것들이 많은데요. 위험 요소를 이겨낸 만큼 도파민이 많이 분비되기 때문입니다. 도박이 대표적이죠. 도박은 조금씩 돈을 잃는 대신에 한 번에 큰돈을 딸 수 있는 구조로 되어 있어요. 돈을 잃을 때 극도의 초조함을 갖다가 한번 따면 큰 보상을 받는 것이죠. 게임도 그렇습니다. 게임을 하면 지루하게 시간을 보내거나 상대하기 어려운 빌런과 싸움을 하는데, 승리해서 스테이지를 클리어하면 역시 도파민 샤워를 경험하게 되는 것이죠. 그러므로 중독성 약물을 사용해본 사람들은 도박이나 게임 등에 쉽게 몰입하며 중독되기 쉬운 것입니다. 물론 반대도 성립되겠죠. 도박, 게임 등에 빠진 사람들은 쉽게 약물 중독에 빠질 수 있는 것입니다.

너무 쉽게 구입할 수 있는 중독성 약물들

현대인들은 하루에도 수없이 많은 자극에 노출되어 있습니다.

릴스나 쇼츠처럼 짧은 시간에 강한 자극을 주는 영상이 일상화되어 있고, 드라마나 영상에서도 말초적인 자극을 강하게 주지 않으면 사람들의 선택을 받지 못하고 있습니다. 이러한 강렬한 자극은 아드레날린과 도파민 분비를 촉진하며 영상에서 눈을 못 떼게 만들죠. 그러므로 자극이 강하게 오지 않는 경우 금방 지루함을 느껴 해당 영상을 바로 스킵해버립니다. 우리는 어쩌면 중독의 경계 속에서 일상을 보내고 있는지 모릅니다.

이러한 것을 더욱 가속하는 것이 바로 중독성 약물이겠죠. 중독을 일으키는 약물들은 앞서 살펴본 것처럼 매우 다양합니다. 이제 중독성 약물을 말하면 영화나 소설에나 나오는 이야기로 생각하거나, 나와는 전혀 상관없다고 치부하지 않으실 거예요. 카페인, 알코올, 니코틴 등 마음만 먹으면 어렵지 않게 중독성 약물을 구할 수 있는 시대에 우리는 살고 있으니까요. 이제부터 일상 속 중독성 약물들이 우리에게 어떻게 문제를 일으키는지 같이 살펴보도록 해볼게요.

카페인이 중독성 중추 흥분제인 것을 알고 있나요?

아침에 출근하면 카페인으로 하루를 여는 사람들

"여러분들은 어떤 일을 하고 계시나요?"

다시 질문을 바꿔볼게요. 어떤 일을 하고 있든 하루를 시작할 때 무엇과 같이하시나요? 대부분 많은 사람이 커피와 함께 하루를 시작한다고 말할 거예요. 이것은 통계로도 나타난답니다. 2023년 12월 21일 <뉴시안> 보도자료 "'대한커피민국' 1인당 연간 405잔 마신다…세계 평균 2.5배" 기사에 따르면, 유로모니터 자료를 인용해 "2023년 국내 1인당 연간 커피 소비량은 405잔으로 전 세계 1인당 연간 커피 소비량 152잔 대비 2배 이상 높았다"라며, 이는 "식품의약품안전처에 따르면, 2022년 음료류 품목별 국내 판매액 중 전체 음료 시장에서 커피류가 차지하는 비중도 30.8%로 탄산음료 25.5%보다 높다"라고 했습니다. 2021년 연간 커피 소비량이 353잔이었는데, 2년 사이에 52잔이나 늘어났으니, 진짜 대한민국은 '커피 공화국'이라는 말이 틀리지 않을 것 같아요.

사실 생각해보면 저도 약국에 근무하면서 1일 1~2잔 정도, 쉬는 날에는 1잔 정도 커피를 마시는데, 그렇게 따지면 1년에 402잔 정도 복용하는 셈이니 2023년 평균에 근접한 수치라고 볼 수 있겠습니다. 이 정도면 거의 습관적으로 커피를 마신다고 볼 수 있어요. 밥보다 커피라는 말도 있긴 하더라고요.

도대체 커피에 어떤 효과가 있길래 이렇게 커피를 즐겨 먹게 된 것일까요?

우리에게 너무 친근한 커피 (출처 : 픽사베이(이하 동일))

커피의 주성분은 카페인,
카페인은 흥분과 보상을 동시에 해결해줍니다

커피를 먹는 것이 습관 때문일 수도 있겠지만, 그 습관이 만들어진 데는 카페인이 중추에 작용하는 약리 작용 때문일 것입니다. 카페인이 중추신경에 작용하는 기전은 크게 다음 3가지로 볼 수 있어요.

첫째, 카페인은 코르티솔 분비를 촉진하는 효과가 있습니다.

코르티솔은 에너지 대사를 촉진하는 호르몬입니다. 보통 아침 9시 ~11시에 코르티솔이 가장 낮은데, 모닝커피를 먹어야 비로소 정신이 든다는 사람은 평상시 코르티솔 농도가 낮을 가능성이 커요. 만성 피로에 시달리고 있거나 스트레스 상황이 많은 사람이 대부분이죠. 이때 향이 좋은 커피를 딱 먹는다면 낮았던 코르티솔이 어느 정도 회복되면서 무기력이나 피로감 등이 일시적으로 해결됩니다. 물론 치료되는 것은 아니지요. 잠깐의 가림 효과라고 볼 수 있겠습니다. 이러한 효과로 인해 카페인 섭취는 운동 능력을 올려 주기도 하고, 체중 감량에 도움을 주기도 한다고 알려져 있기도 해요.

둘째, 뇌 흥분을 억제하는 채널 활성화를 막아 신경 세포의 흥분을 유발합니다.

뇌세포는 흥분과 억제를 적절히 조절하면서 기능을 유지하고 있어요. 뇌가 흥분하게 되면 기분이 좋아지고 행복해지며, 진취적이고 도전적인 감정을 느끼게 됩니다. 카페인을 복용하면 기분이 좋아지고 활동적으로 되는 것은 뇌신경 억제를 막기 때문이에요. 그뿐만 아니라 흥분성 카테콜아민의 농도를 증가시킵니다. 이러한 작용 때문에 카페인을 과량 섭취하면 불면, 두근거림, 혈압 상승, 흥분, 진전 등의 부작용이 나타날 수 있는 것입니다. 카페인은 글루타민과 도파민도 역시 증가시킵니다. 카페인의 각성작용과 집중력 향상은 이러한 흥분 효과로 나타나죠. 계속 반복적으로 나오겠지만, 보상 회로에서 도파민 분비 촉진은 약물 중독을 유발하는 대표적인 요인입니다. 재미있는 것은 카페인의 용량과 상관없이 도파민 분비는 강하게 촉진된다고 하니, 카페인 함량이 낮은 커피를 복용하면 중독의 위험이 없을 것이라는 생각은 안 하는 게 좋습니다.

셋째, 카페인은 아데노신 수용체에 작용해서 뇌가 피로감을 느끼지 못하게 만듭니다.

아데노신은 에너지(ATP)를 소모한 뒤 나오는 물질로, 아데노신이 많다는 것은 그만큼 에너지 소모가 많았다는 것입니다. 뇌에는 아데노신 수용체가 있어 혈액 안에 얼마만큼 아데노신이 있는지 체크할 수 있어요. 아데노신 양이 많아지면 뇌 흥분이 억제되어 졸음을 느끼게 만들죠. 이제 그만 활동하고 쉬라는 신호를 주는 거예요. 커피를 마시지 않으면 졸음이 쏟아진다는 사람은 실제로 몸은 에너지 과도한 사용과 부족에 시달리고 있을 가능성이 크답니다.

결국 카페인에 노출이 필요한 사람은 뭔가 흥분되는 자극이 필요하고, 피로감을 줄이고 싶은 상황일 가능성이 커요. 요즘 우리나라는 사회 경제적으로 스트레스 요인이 매우 많은 상황이죠. 결국 지속적인 스트레스와 과로 등이 카페인을 부르고, 카페인에 노출된 기간이 길어지면 심리적, 신체적 의존성이 발생하게 되는 것이랍니다. 이것이 요즘 커피 소비량이 갈수록 늘어가는 이유가 아닐까요?

카페인, 과연 진짜 문제인가? 얼마큼 먹어야 안전할까요?

그런데 카페인을 지속적으로 섭취하면 정말 문제일까요? 카페인이 독성을 일으키는 농도는 매우 높습니다. 즉, 농도만 따지면 안전한 약물이라는 말이죠. 신경, 심혈관계 독성은 1,000mg을 한 번에 복용할 때 나타나며, 치사량은 그것의 10배인 10,000mg입니다. 보통 대표적 카페인 음료인 박카스에 들어 있는 카페인 양은 30mg이며, 농도가 높다는 드립 커피에는 100mg 정도 들어 있으니, 드립 커피를 한 번에 10잔 먹어야 독성이 나타나는 것이라는 말이죠. 그러니 실제로 상용량 카페인 자체에는 큰 독성이 있다고 보기는 어렵습니다.

그렇다면 하루 종일은 어떨까요? 카페인 체내 대사를 보면 그 답을 찾을 수 있습니다. 카페인은 흡수가 빨라 복용 후 10~15분 만에 혈액에 도달합니다. 커피를 먹으면 순식간에 반짝하는 느낌이 온다는 거죠. 30~40분 정도 지나면 카페인 농도가 최고에 도달해 각성 상태를 유지하게 됩니다. 1시간이 지나면 카페인 농도가 떨어지기 시작하는

데, 이때부터 다시 피로해지기 시작해요. 5~6시간이 지나면 카페인 농도는 50% 이하로 떨어지며, 12시간 정도 지나면 거의 배출되어 다시 카페인을 섭취하고 싶은 욕망이 생겨납니다. 즉, 카페인 최대 효과는 섭취 후 30~40분 정도에 나타나며 반나절까지는 몸에 카페인이 남아 있다고 보면 됩니다. 즉, 하루 종일 커피 드립 커피 10잔을 먹는다고 해도 그 시간이 길면 독성이 발휘되지는 않는다고 볼 수 있어요.

누구는 커피 한 잔만 먹어도 가슴이 두근거리며 머리가 아프다고 하고, 누구는 아무렇지 않다고 합니다. 이처럼 사람에 따라 카페인에 대한 민감도는 조금씩 다르지요. 이것은 사람마다 카페인을 분해하는 효소(CYP1A2)와 아데노신 수용체의 유전형이 차이가 나기 때문입니다. 카페인 분해효소(CYP1A2)는 AA, AC, CC 형으로 나뉘는데 CC 형은 AA 형보다 카페인 대사가 느려 카페인이 더 오랫동안 혈중에 남아 있게 됩니다. 또 유전형에 따라 아데노신 수용체의 구조가 조금씩 달라서 카페인 결합 정도가 차이가 생겨요. 이러한 차이는 특히 수면에 영향을 많이 끼치죠. 어떤 사람은 커피 한 잔만 먹어도 잠을 자지 못하지만, 어떤 사람은 잘 무렵에 커피를 먹어도 잘 자게 되는 것입니다. 하지만 그 누구라도 카페인은 신경과 순환계에 작용하게 되는 것은 같습니다. 따라서 '커피를 마시고 나는 잠을 잘 잔다'라며 자신한다고 해도 카페인 일일 적정량을 지킬 필요가 있지요.

식약처에서는 안전하게 복용할 수 있는 일일 카페인 권장량을 제시하고 있는데, 성인의 경우 400mg 이하, 임산부는 300mg(권장량은 150mg) 이하, 어린이의 경우 체중당 2.5mg 이하로 규정하고 있어요. 미국정신의학회에서는 일일 250mg(드립 커피 2잔 반) 이상의 카페인을 복용한다면 카페인 중독으로 진단할 수 있는 기준이 된다고 하니 자신이 하루에 복용하고 있는 카페인 양을 점검해볼 필요는 있겠습니다.

진짜 위험한 것은 소아 청소년입니다

카페인 노출을 이야기하면 빼놓을 수 없는 것이 청소년입니다. 저는 청소년 약물 예방 교육을 나가면, 초등학생에서부터 고등학생까지 카페인 음료를 경험한 경우를 꼭 물어보는데요. 이때 생각보다 많은 학생이 다양한 카페인 음료를 복용해본 것으로 응답해 놀라곤 한답니다. 아이들이 이른 카페인 경험이 가능한 이유는 식품으로 판매되는 에너지 드링크, 커피-초코 우유, 녹차-홍차 음료 등 커피가 아니더라도 다양한 음료 안에 카페인이 들어 있기 때문입니다. 이런 카페인 함유 음료는 편의점 등에서 판매되고 있고 어린이, 청소년도 쉽게 구입할 수 있지요.

아이들의 이른 카페인 경험은 다른 중독성 약물을 쉽게 생각하는 경향으로 이어지기도 합니다. 청소년이 주로 이용하는 한 커뮤니티에서 메틸페니데이트에 대한 사용 경험이 공유되었는데, 사용해본 사람이 메틸페니데이트 효능을 카페인 섭취량을 이용해 설명한 글을 본적 있습니다. 더 중요한 것은 그 설명을 대부분의 학생이 이해하고 공감하더라는 것입니다. 즉, 카페인이 중독성 약물의 게이트 약물로 작용하는 것이 아니더라도 다른 흥분성 약물을 쉽게 생각하는 잣대로 사용될 수 있다는 것만은 분명합니다.

물론 카페인 복용 후 과도한 도파민 분비로 인한 중독 가능성은 뇌의 민감도가 높은 나이가 어릴수록 더욱 강해진다는 것도 중요하며, 또 대뇌 전두엽 발달이 완전히 이뤄지지 않은 아이들의 경우 카페인이 뇌세포 발달에 영향을 미칠 수도 있습니다. 그 때문에 아이들의 카페인 섭취에 매우 신중해야 할 것입니다.

카페인 함량 표시를 보다 강화하는 법률을 제정해야 해요

카페인은 분명 인체에 신체적, 정신적 영향을 끼치는 약물입니다. 그것도 흥분, 중독성 약물임이 분명하죠. 하지만 그 표시 체계는 너무 허술합니다. 특히 커피 전문점에서 마시는 커피는 아예 카페인 양이 표시되어 있지도 않고, 무수카페인 대신 과라나 추출물을 넣은 제품들도 카페인 표시가 되어 있지 않습니다. 이러다 보니 소비자는 본인이 먹은 카페인 양을 알아서 알아보고 판단해야 합니다. 사실상 카페인 복용을 얼마나 하고 있는지 모르고 있다고 해도 과언이 아니죠. 얼마나 먹고 있는지 모른다면 식약처 일일 권장 기준이 무슨 의미가 있을까요? 그러므로 카페인 역시 알코올이나 니코틴처럼 더 식별하기 쉽도록 표시 제도를 강화할 필요가 있습니다.

카페인이 함유될 수 있는 제품은 모두 '카페인 포함'이라는 문구를 표시하고, 다른 글자와 구분될 수 있게 해야 합니다. 또 카페인 함량은 소비자가 바로 확인할 수 있도록 눈에 잘 보이는 곳에 표기하도록 표기법을 강화해야겠습니다. 과라나 추출물이 들어간 식품 또한 카페인이 함유되어 있으므로 카페인 함량 표기를 강제할 필요가 있지요. 그뿐만 아니라 커피 전문점에서 판매하는 커피 또한 각각 테이크 아웃 잔에 표시할 수는 없다고 하더라도 대략적인 카페인 함유량을 주문서에 반드시 표기하도록 의무화하는 것이 좋을 것 같습니다.

어느덧 한국인에게 빠질 수 없게 된 커피, 카페인 음료

다양한 이유로 복용할 수밖에 없다면 좀 더 현명한 소비가 필요해 보입니다. 특히 청소년은 호기심에 접하지 않도록 주의시킬 필요가 있습니다. 소비자의 현명한 소비를 유도하기 위해 더욱더 명확하게 표시해주는 제도적 장치의 보완도 필요하겠죠. 아침을 커피 한 잔으로 열어야만 한다면, 이미 '카페인 의존증'에 빠진 상태가 아닌지 스스로 점검해볼 필요도 있겠습니다.

환각을 일으키는 유해 화학물은
뇌를 녹여요

본드를 흡입하는 것은 과거에만 있었던 일?

유해 화학물질 본드

다들 한번 경험이 있을 것입니다. 의도하지 않았지만, 밀폐된 공간에서 '본드'를 사용했을 때 아찔하면서 몽롱한 느낌 말입니다. 한때 비행 청소년들이 남용했던 대표적 유해 화학물질인 '본드' 경험담이 친구들 사이에 유행처럼 돌았던 적도 있었죠. "아무개가 본드를 불었는데, 손에서 레이저가 나갔다는 둥, 하늘을 날았다는 둥" 하면서. 이런 현상은 본드가 가진 환각작용 때문에 나타난 것입니다. 지금은 본드가 '유해 화학물질'로 규정되어 있고, 청소년 보호법 시행령에 따라 19세 미만 청소년이 살 수 없게 되었기 때문에 남용하는 경우가 많이 줄었다고 하는데요. 그래도 몰래몰래 불법을 저지르거나 다른 환각물질을 남용하는 사람들이 어딘가 있을 거예요. 그래서 우리는 이 유해물질에 대해서 더 정확하게 알 필요가 있습니다.

환각작용이란 무엇일까요?

먼저 환각작용에 대해 정확히 알아보겠습니다.

환각은 '개인의 감각 기관을 통해 진짜 있는 것처럼 느끼지만, 실제는 어떠한 외부 자극도 없는 상태'입니다. 즉, 나는 진짜 있다고 느끼고 있지만, 실제는 존재하지 않는 것이죠.

이런 환각은 왜 발생할까요?

환각이 발생하는 이유는 매우 다양하지만, 주로 정신병을 앓고 있는 경우가 많고, 약물에 의한 것, 그리고 독성 노출에 의한 것으로 나눠볼 수 있습니다. 독성 노출도 주로 화학물질에 의해 일어나기 때문에, 환각은 정신병과 같은 질환과 약물에 의한 것으로 나눠 생각하면 됩니다. 약물에 의한 것은 대뇌 도파민과 세로토닌A2 수용체가 과도하게 흥분하는 기전과 뇌 기능에 전반적인 문제가 발생해 환각을 일으키는 기전이 있습니다. 우리가 흔히 알고 있는 마약이나 LSD, 케타민 등은 전자에 속하며 본드, 신나, 웃음가스(아산화질소) 등은 후자에 속해요.

환각작용이 있는 유해 화학물질은 따로 지정되어 관리됩니다

우리나라에서는 '화학물질로 인한 국민건강 및 환경상의 위해(危害)를 예방하고 화학물질을 적절하게 관리하는 한편, 화학물질로 인해서 발생하는 사고에 신속히 대응함으로써 화학물질로부터 모든 국민의 생명과 재산 또는 환경을 보호하는 목적'을 두고 '화학물질관리법'을 제정, 운용하고 있습니다. 유해 화학물질은 약사법 등 다른 법에서 지정하지 않은 '유해성 또는 위해성이 있거나 그러한 우려가 있는 화학물질'을 말합니다. 그중에서 흥분·환각 또는 마취의 작용을 일으키는 화학물질을 '환각물질'로 정의하고 있는데요. 환각물질은 대통령령으로 정해져 있어요. 종류는 톨루엔이나 초산에틸 또는 메틸알코올이 포함된 시너, 접착제(본드), 풍선류 또는 도료 등과 부탄가스 그리고 아산화질소(웃음가스)입니다.

본드는 주성분이 합성 고무입니다. 본래 합성 고무는 단단하지만, 톨루엔과 같은 유기 용매에 녹여 놓은 것이 본드죠. 접착할 부분에 본드를 바른 뒤 유기 용매가 휘발되면 합성 고무가 굳게 되므로 단단하게 붙는 것입니다. 바로 이 휘발된 유기 용매인 톨루엔을 흡입하게 되면 환각 등 이상 반응이 나타나게 되는 거예요.

환각물질로 규정된 톨루엔과 초산에틸 또는 메틸알코올 등 유기 용매와 부탄가스는 뇌에 작용하는 기전이 거의 같습니다. 먼저 이들은 뇌 자극을 강하게 억제하는 효과가 있습니다. 즉, 흥분을 억제하기 때문에 뇌의 자극이 줄어 정상적인 생각을 할 수 없으며, 말이나 동작이 어둔해집니다. 흥분 억제 작용은 마치 마취 효과와 비슷하므로 유기 용매가 가진 불쾌한 냄새나 구역감 등에 대한 감각을 느끼지 못하게 됩니다. 또한 뇌 전체 자극 전도에 문제를 유발하기 때문에 이상 감각 현상이 나타나며, 이것이 바로 환각증상인 것이죠.

일부 논문에 의하면 톨루엔과 같은 유기 용매들은 항콜린 작용으로 인한 섬망이 유발된다고 보고하기도 했으나, 아직 명확한 기전이 밝혀지지는 않았답니다. 한 가지 확실한 것은 이들 유기 용매는 혈액 뇌 관문을 통과함으로써 뇌 조직에 침투할 수 있고, 이로 인해 뇌 조직을 현저하게 망가트린다는 것입니다. 본드나 가스를 불면 뇌에 구멍이 생긴다고 이야기하는 것은, 그냥 공포를 주기 위함이 아니라 진짜입니다! 실제로 유기 용매에 반복적으로 노출된 사람의 뇌는 정상인에 비해 현저하게 쪼그라들어 있어요. 그뿐만 아니라 심장에서 치명적인 손상을 주며, 금단증상으로 근육 경련, 호흡 마비 등이 발생할 수 있어 생명에 위협이 되기도 합니다.

사실 최근에는 이보다 문제가 되는 것은 바로 웃음가스로 알려진 '아산화질소'입니다. 이 또한 유해 화학물질로 규정(치과 치료 등 의료용으로 사용하는 경우 제외)되어 있습니다. 인터넷 등에서 구입해 파티 등에 쾌락을 즐기는 목적으로 남용되는 사례가 늘고 있기 때문입니다. 어린이 치과 등에서 아이들 치과 치료 전 코에 흡입하게 하는 것이 바로 아산화질소입니다. 즉, 아산화질소는 본래 마취제죠. 마취제는 뇌 흥분을 억제하는 효과가 있습니다. 그런데 어떻게 환각을 유발할까요? 그것은 아산화질소를 흡입하면서 발생하는 산소 결핍에 답이 있습니다. 처음에 아산화질소를 흡입하면 중추 억제 효과 때문에 흥분이 진정되고 통증이 사라지며 마음이 편안해지는 느낌을 받습니다. 그런데 아산화질소가 혈중으로 들어가면 산소보다 빠르게 혈액에 녹아들기 때문에 실제로 산소가 부족해지는 상태가 됩니다. 아산화질소 사용 후 정신이 몽롱해지는 느낌과 붕 뜨는 듯한 환각을 느끼는 것은 뇌에 산소가 부족해서 나타나는 현상에 불과한 것입니다. 마치 목을 조르는 것과 같은 것이죠.

아산화질소의 더 큰 문제는 지속적으로 사용했을 때 비타민B12 결핍을 유발해서 신경 병증을 일으킨다는 것입니다. 아산화질소를 사용하고 나서 척수 등 중추신경계 손상에서 손발까지 이르는 말초 신경 손상까지, 신경 손상은 임상에서 다수 보고되고 있습니다. 신경 손상은 영구적인 장애를 유발하는 만큼 남용 시 유해성은 매우 크다고 볼 수 있어요.

유해 화학물은 사용자, 판매자 모두 처벌받아요.
처벌보다 중요한 것은…

앞서 언급한 것처럼 유해 화학물질에 대한 단속과 처벌이 강화됨에 따라, 환각을 위해 이런 물질을 사용하는 경우는 크게 줄었습니다. 하지만 인터넷이나 SNS 등을 사용해서 비대면으로 구입해서 오남용하는 경우가 있으므로 판매하는 업자나 보호자, 청소년 모두 처벌 조항을 잘 기억해둘 필요가 있겠어요.

먼저 유해 화학물질을 구입할 수 있는 연령대는 청소년 보호법 시행령에 따라 19세 이상 성인에게만 가능합니다. 청소년에게 유해 화학물질을 판매하면 3년 이하의 징역 또는 3,000만 원 이하의 벌금에 처하죠. 만약 청소년이 아니더라도 '환각물질을 섭취·흡입하거나 이러한 목적으로 소지한 자 또는 환각물질을 섭취하거나 흡입하려는 자에게 그 사실을 알면서 이를 판매 또는 제공한 사람'은 3년 이하의 징역 또는 5,000만 원 이하의 벌금에 처합니다. 그뿐만 아니라 판매를 위반한 경우라도 '1,000만 원 이하의 과태료' 처분을 받게 됩니다. 인체에 끼치는 유해성이 높은 만큼 생각보다 처벌 수위가 높다는 것을 기억해둬야 해요.

청소년의 경우에는 집단 심리와 호기심으로 유해 화학물질 사용 문제가 끊이지 않게 발생하고 있고, 성인의 경우 사용 시 부주의로 흡입하거나 유흥용으로 사용하는 경우가 종종 발생하고 있습니다. 하지만 이들 화학물질은 모두 치명적인 뇌 손상을 가져올 수 있어서 매우 주의가 필요합니다. 순간의 실수와 환각을 위해 사용한 대가가 돌이킬 수 없는 치명상으로 돌아올 수 있다는 것을 명심해야 해요. 최근 마약류 사용을 근절하기 위한 예방 교육이 많이 이뤄지고 있는데, 그만큼 유해 화학물질에 대한 정확한 교육이 이뤄져야 한다고 생각합니다. 특히 청소년의 경우 해당 물질들의 가져올 영구적 손상에 대한 명확한 이해를 바탕으로 혹여라도 유혹의 손길이 왔을 때 단호하게 "No!"라고 외칠 수 있도록 만반의 준비를 해둬야겠습니다.

우리 모두
노담(No 담배) 합시다!

흡연이 아직도 문제라고요?

중독성 약물을 이야기할 때 담배를 빼놓을 수 없습니다. 흡연의 역사는 그리 오래되지 않았는데요. 본래 남아메리카 원주민들만 사용하던 것을 대항해 시대에 유럽에 전파되었고, 이때부터 유럽을 시작으로 전 세계에 사용되었으니 이제 불과 500여 년밖에 되지 않은 거예요. 그런데도 이처럼 사람들 건강에 큰 영향을 미치는 약물이 있을까 싶네요.

담배가 인체에 해롭다는 것은 1950년대에 본격적으로 알려지기 시작했어요. 우리나라에서도 그 유해성을 인정해서 1995년부터 금연 캠페인을 실시하고 있지요. 금연 캠페인은 국민건강증진법을 토대로 약 30년째 꾸준히 이어지고 있는 보건복지부의 대표적인 건강 증진 사업입니다. 담배 속 니코틴, 타르 이야기는 정말 수없이 많이 들어봤을 것

인체에 해로운 담배

이고 2차, 3차 간접흡연에 관한 이야기 또한 귀가 따갑도록 들었을 거예요. 아마도 담배가 좋다고 생각하는 사람은 이제 없지 않을까요?

이런 수없이 많은 캠페인과 교육 등을 통해 흡연율이 현저하게 줄어들고 있는 것도 사실입니다. 저 또한 일선 학교에 중독성 약물 교육을 나가보면, 매번 받은 금연 교육 때문인지 고학년이 될수록 담배에 대한 폐해를 너무 잘 알고 있었고, 흡연자에 대한 인식도 부정적인 경우가 대부분인 것을 체감할 수 있답니다. 이런 교육과 캠페인의 결과가 흡연율 저하로 나타나고 있는 것입니다.

통계청에서 발표한 2021년 국민건강통계-국민건강영양조사 제8기 자료를 인용해보면, 국내 전체 흡연율은 1998년 35.1%에서 2021년 19.3%로 23년 만에 15.8%P 감소했습니다. 담배의 중독성을 생각해본다면 실로 엄청난 실적이지요. 세계 상위권에 있었던 우리나라 사람들의 흡연율도 OECD 평균에 거의 근접하고 있다고 볼 수 있습니다. 흡연율은 남성에게서 더 높은 경향이 있는 만큼 감소세도 훨씬 가팔랐는데요. 같은 기간 66.3%에서 31.3%로 절반이 넘게 줄었습니다! 담배를 피던 2명 중 1명은 이 기간에 담배를 끊었다는 것이죠. 물론 캠페인이 처음 시작된 10년보다 이후 18년 동안 감소 폭은 많이 줄었지만, 어쨌든 지속적으로 줄고 있는 경향을 보인다는 것이 중요해요. 그런데 문제는 여성과 청소년 흡연율입니다. 여성은 1998년에 비해 오히려 소폭 상승했고(6.5% → 6.9%), 청소년 흡연율도 캠페인 초기보다는 낮아졌지만 2020년 이후 6% 이상을 유지하는 등 최근 몇 년간 유지되고 있어요. 분명 흡연에 부정적 인식으로 흡연율은 많이 줄었지만, 그래도 절대 안심할 단계는 아니라고 볼 수 있습니다.

연령대에 따른 흡연율 추이

특히 청소년과 여성의 흡연율은 건강상 문제가 된다는 점에서도 우려의 목소리가 높습니다. 2023년 국정감사에서는 2020년에서 2022년까지 흡연 관련 질병으로 진료받은 10대 여성 청소년이 4배 이상 늘었다고 발표되기도 했어요. 보통 흡연으로 인한 건강 문제는 남성 전유물로 생각되었던 것이 이제는 차츰 바뀌고 있는 것입니다. 특히 청소년의 경우 첫 흡연 경험 시기가 어려지고 있다는 점도 문제죠. 2022년 서울시 조사에 따르면, 현재 중학교 청소년 중에서 초등학교 입학 전에 흡연을 경험한 청소년이 6.9%나 된다고 합니다. 초등학교 입학 전이라니 정말 너무 깜짝 놀랄 일 아닌가요? 물론 이들 대부분은 현재까지 담배를 피우고 있다고 합니다.

어렸을 때부터 시작하는 담배는 결국 만성적 흡연가가 되기 십상이죠. 특히 청소년 흡연은 가족이나 친구들의 영향을 많이 받는데요. 미국 소아과 의학 저널에 발표된 조사에 따르면, 부모가 담배를 많이 피우는 경우 비흡연 부모 자녀보다 흡연할 가능성이 15배 높아지며, 손위 형제, 자매가 흡연하는 경우 손아래 형제, 자매의 흡연 가능성이 6배 증가한답니다. 초등학교 전에 흡연을 경험했다는 것은 대부분 가정에서 일어났을 가능성이 큰데요. 결국 흡연은 부모에 의해 대물림, 또래 무리와 집단화하는 경향을 보이기 때문에 청소년 흡연에 대한 부분은 부모 교육과 교우 관계의 교육에도 초점이 맞춰져야 합니다.

담배 모양을 감추고 있는 담배가 진짜 문제

특히 기존 담배 형태(궐련형)가 아닌 액상형 전자 담배는 흡연율을 올리는 데 매우 큰 역할을 합니다. 담배 회사에는 희소식이겠지만, 국민에게는 몹시 나쁜 소식일 테지요. 그뿐만 아니라 전자 담배도 일체형으로 나오는 일회용 제품도 있더군요. 이런 제품들은 '한 번만 해볼까?'라며 흡연에 호기심을 보이는 청소년을 쉽게 유혹할 수 있습니다. 앞서 인용한 서울시 조사에서도 대부분 청소년은 불로 태우는 궐련형이 아닌 전자 담배를 사용하고 있다고 합니다. 냄새로 담배를 피우는지, 아닌지를 구분하던 모습은 이제 시대극에서나 볼 수 있는 장면이 된 것 같아요. 청소년들이 전자 담배를 몰래 피우면 알아낼 방법이 없습니다. 어른들이 수없이 많은 유혹을 만들어놓고 금연은 개인의 의지력으로 하라니… 학생 금연 교육을 나갈 때마다 이런 말을 듣습니다.

"어른들은 그렇게 나쁘다는 담배를 왜 만들어 팔아요? 담배를 피우는 청소년도 문제지만 이것을 만들어 파는 게 더 문제 아니에요?"

어른의 욕심이 만든 이 모순적 상황을 정면으로 마주하면 얼굴이 벌게질 수밖에 없습니다.

더군다나 전자 담배의 경우 담배 외에 다른 중독성 약물을 넣을 수 있다는 점에서 더욱 위험합니다. 2022년 12월에 군부대에서 액상 대마를 피운 군인들이 적발되었는데, 이들은 대마를 피우고 나서 행동에 변화가 있었기 때문에 발각되었던 것입니다. 담배와 대마는 겉보기만으로는 구분이 어렵기 때문에 사실상 단속 사각지대에 놓여 있는 것이나 마찬가지입니다.

게이트 약물로서 담배의 숨은 위험성

담배는 이제 담배 자체가 가진 건강상의 유해성을 넘어 생각해야 합니다. 흡연은 다른 중독성 약물을 사용하는 게이트로 작용할 수 있기 때문입니다. 2016년에 나온 마크 미넬리 연구 발표 '게이트웨이 가설 및 조기 약물 사용'에 보면, 흡연 및 알코올에 대한 조기 노출이 후기 청소년기의 중독성 약물 사용과 매우 밀접한 관련이 있다고 했어요. 즉, 담배를 일찍 배우면 다른 약물을 사용하는 허들이 낮아지고, 이것은 마약류의 사용으로 이어질 수 있다는 것을 의미하는 것입니다. 마약과의 전쟁을 본격적으로 선포한 현재에 우리가 청소년 담배나 알코올 사용에 더 많은 관심을 가져야 하는 이유기도 하지요.

담배는 건강 유해성을 넘어 약물에 대한 문제로 접근해야 할 때

담배 연기에는 발암성 물질인 나프틸아민, 니켈, 벤젠, 비닐 크롤라이드, 비소, 카드뮴이 들어 있습니다.

"
폐암 위험, 최대 26배.
후두암 위험, 최대 16배.
구강암 위험, 최대 10배.
심장병 사망, 최대 4배.
뇌졸중 위험, 최대 4배.
당신의 흡연, 병드는 아이.
"

앞의 내용은 담뱃갑에 무시무시한 그림과 함께 표시된 문구들입니다.

이제 담배에 많은 성분이 인체에 해롭다는 모르는 사람은 없을 것입니다. 그래서 담배 회사에서는 타르를 줄인다거나 유해물질을 정제해서(?) 더 안전한 담배를 만든다는 소리로 소비자를 유혹하고 있는 것이겠죠. 그런데도 여전히 담배 속 니코틴은 신경계에 작용하고, 도파민 분비를 촉진하는 중독성 약물임은 틀림없어요. 그뿐 아니라 형태에 따라 다른 마약류를 감추는 도구가 되기도 하고, 청소년에게는 마약류에 쉽게 빠지게 만드는 유혹제가 되기도 합니다. 인체에 독성을 유발하는 물질을 아무리 제거한다고 하더라도 담배는 절대 안전해질 수 없는 '약물'인 것입니다.

담배는 마약에 안전지대가 아닌 우리에게 개인 건강에 대한 이슈뿐 아니라 사회 전체의 건전성에 위협을 가할 수 있는 문제가 될 수 있다는 점을 반드시 기억해야 합니다. 더군다나 자녀를 키우고 있는 가정이라면 내가 벗어나지 못하는 담배의 굴레를 다시 아이에게 물려줄 수 있고, 그것이 약물에 쉽게 진입하는 문이 될 수도 있다는 생각을 꼭 해주시길 바랍니다.

이제 담뱃갑에 '흡연, 약물 중독의 출발점'이라는 문구를 추가해야 하지 않을까요?

절주 NO, 금주 YES!
술은 줄이는 게 아니라 끊는 것입니다

여러분이 영상을 만드는 감독이라면?

만약 여러분들이 영화나 드라마를 제작한다고 해봅시다. 심각한 고민거리가 생긴 등장인물을 표현하기 위해 어떤 장면을 넣고 싶으세요? 타임머신을 타고 2000년으로 간다면, 고뇌에 찬 모습의 주인공이 담배에 불을 붙이며 담배 연기를 연신 내뿜는 모습을 넣었겠죠. 하지만 현재로 돌아오면 불가능한 일입니다. 2002년 KBS를 시작으로 2004년 MBC, SBS 모두 흡연 장면을 금지했기 때문이에요. 그럼 대신 어떤 장면을 넣을까요? 아마도 분위기 있는 바에서 술잔을 기울이며 고독을 씹거나, 지인과 포장마차 등에서 만나 쓴 소주 한 잔을 마시며 고민을 토로하는 장면을 넣지 않았을까요? 그래요. 방송이나 영화 등 미디어를 보면, 과거에 담배가 아이템이었던 장면을 대부분 술이 차지하고 있는 것 같습니다.

우리 사회는 술에 대한 노출에 관대합니다

한국은 술에 대해 매우 관대합니다. 술을 마시고 노래를 부르며 춤을 춘다는 '음주가무(飮酒歌舞)'가 즐거운 날에 빠질 수 없지 않을까요?

좀 오래되었긴 하지만, 한국 갤럽에서 재미있는 조사 결과를 발표했어요.

2015년 11월 10~12일까지 3일간 전국 남녀 1,012명을 대상으로 음주 문화에 대한 조사를 한 것인데요. 조사 결과를 보면 성인 3명 중 1명은 주 1회 이상 음주를 하며, 이 중 2%는 매일 같이, 11%는 주 3~5회 마신다고 응답했습니다.

더 재미있는 사실은 술에 대한 긍정적 인식이었어요. 이 세상에 술이 있어 좋다고 응답한 사람이 65%에 달했는데, 평소 술을 마시지 않

우리 사회의 친근한 술 문화

는 사람 중에서도 45%가 긍정적인 대답을 했다는 것입니다. 이러한 결과를 놓고 봤을 때 많은 사람이 술에 대한 태도를 알 수 있어요. 같은 시기 담배에 대한 이미지 평가에서는 '담배는 건강을 위협하는 존재'라며 부정적으로 대답한 사람이 비흡연자 95%, 흡연자 82.5%로 조사되기도 한 것과는 매우 대조적이죠.

이와 같은 술에 대한 긍정적 분위기는 결국 사회적 인식 때문일 것입니다. 술을 먹으면 기분이 좋아져서 분위기를 전환할 수 있고 마음에 있는 말들을 잘할 수 있어 친목 도모에 도움이 된다거나 고민, 걱정, 스트레스를 푸는 데 좋은 아이템이라는 생각을 하고 있다는 거예요. 이런 많은 사람의 인식이 술에 대한 긍정적인 것으로 돌아선 데는 직접적 경험 등도 있겠지만, 미디어의 노출도 무시할 수 없습니다.

2022년 7월, 한국건강증진개발원에서 성인 1,033명을 대상으로 진행된 설문 조사도 한번 볼게요. 이 설문은 음주자 60%, 비음주자 40%를 대상으로 진행되었기 때문에 어느 정도 객관성을 띠고 있다고 볼 수 있어요. 조사 내용 중 "음주 장면을 보면 실제로 음주를 한 경험이 있는가?"를 물었는데, "경험이 있다"가 55.1%였으며 음주자는 72.2%, 비음주자도 30.3%로 나타났습니다. 그야말로 음주 장면이 음주를 불러오는 것입니다. 그리고 미디어 속 음주 장면에 대한 평가도 물었는데, 음주 장면이 나오면 술을 먹고 싶어진다고 응답한 사람이 23%, 음주가 긍정적으로 보인다는 19.5%로, 미디어에서 나오는 음주 장면이 음주 인식에 매우 큰 영향을 미친다고 볼 수 있어요.

미디어뿐 아니라 실제 사회생활을 하다 보면 음주를 피할 수 없는 분위기가 많습니다. 회식이나 모임 등에서 술이 빠지지 않는 경우가 거의 없기 때문이에요. 더군다나 술잔을 돌리거나 술을 권하는 등 우리나라의 독특한 분위기가 과잉 음주를 불러오는 경우도 많습니다. 요즘에는 술 게임도 음주량을 늘리는 데 한몫하고 있겠네요.

성인들의 이런 문화 때문에 청소년들도 영향을 많이 받고 있어요. 특히 청소년 음주 경험률이 아직도 약 30%에 육박하는 것은 큰 문제라고 볼 수 있죠.

알코올로 인한 사회적 비용은 얼마나 될까요?

"술? 취하면 어때? 기분 좋게 먹으면 되지! 원래 술자리에서 일어난 일은 다 잊는 거야"라고 말하는 사람들이 많죠. 그런데 음주로 인한 사회적 손실은 우리가 생각한 것보다 매우 크답니다. 특히 음주로 인한 사망률은 지난 2020년 인구 10만 명당 10명을 넘어섰어요. 이는 2022년 고혈압성 질환으로 인한 사망률과 같은 수치죠. 사회적 손실 비용은 2013년 기준 9조 4,524억 원으로(국민건강보험공단 건강보험정책연구원 추산) 흡연과 비만 등 사회적으로 큰 이슈가 있는 다른 것들에 비해 상당히 높은 편입니다.

사실 간접흡연을 제외하면 흡연과 비만은 모두 개인적 사회 손실이라고 볼 수 있지만, 음주는 다릅니다. 만성적인 알코올 남용으로 인해 발생하는 개인의 건강과 가족, 지인의 폐해는 말할 것도 없고, 음주운전이나 폭력 등으로 인해 발생하는 불특정 다수의 사회 구성원에게도 큰 해악을 일으킵니다. 술에 의한 사회적 손실을 유발하는 사람은 일반인과 유명인을 가리지 않아요. 촉망받던 유명 연예인들이 음주운전으로 사고를 일으켜 한순간에 나락으로 떨어지는 사례들이 너무 많잖아요. 상식적으로 이해되지 않지만, 어째서 이렇게 절제하지 못하는 것일까요? 그것은 바로 술이 가지고 있는 특성 때문입니다.

알코올을 처음 섭취하면 진정 효과가 나타나 불안을 줄여줍니다. 마음이 불안할 때 술을 먹으면 마음이 편해지는 이유죠. 이뿐 아니라 약간 들뜨거나 흥분된 상태를 만들기도 해요. 즐거운 자리나 어색한 자리에서 술을 먹게 되는 이유입니다. 이런 상태를 취기가 돈다고 해요. 이 정도의 적당한 알코올 복용을 넘어서면 그때부터는 대뇌 기능 억제가 강해집니다. 만취 상태로 보통 혈중 알코올 농도 0.1%(100mg/dl) 수치가 측정될 정도라면 운동기능장애, 반사신경 억제, 정상 판단 실조 등이 나타납니다. 즉, 인사불성이 되는 것이죠.

법적으로 음주운전 기준은 취기가 도는 0.03%(30mg/dl - 소주 한 잔 정도 수준) 이상으로 매우 엄격하게 관리되고 있습니다. 이 정도 양으로는 대부분 음주자는 자기가 아무 이상이 없다고 느끼기 때문에 너무 과한 것 아니냐고 불평하기도 합니다. 하지만 이 정도 수준에서도 신경 반응은 현저하게 지연되기 때문에 사고가 날 확률이 매우 높아집니다. 음주운전은 자신뿐 아니라 다른 사람의 삶을 송두리째 망가뜨릴 수 있으므로 아주 철저한 관리가 필요한 것이죠.

다시 본론으로 들어가서 한두 잔 술을 먹다가 기분이 좋기 시작하면 어느 순간 분위기 등에 휩싸여서 술을 많이 먹기 시작합니다. 이때부터는 뇌가 판단을 내리지 못하기 때문에 술이 술을 먹는 상황이 돼요. 결국 아무리 유명인이라도 과음으로 인해 합리적 판단을 내리지 못하면, 인생을 망치는 최악의 행동을 하게 되는 것입니다. 술 앞에 장사는 없어요.

특히 청소년에게는 더 위험해요

성인의 고위험 음주율(1회 평균 음주량이 남성은 7잔, 여성은 5잔 이상, 주 1회 이상 음주)은 2018년에는 14.7%로 조사되었으며, 코로나-19 기간에는 더욱 높아진 것으로 조사되었습니다. 전 세계의 추세와 다르게 우리나라는 아직도 술 먹는 문화가 증가 추세인 것이죠. 청소년과 청년 음주율도 문제인데, 특히 청소년 음주 경험률은 30%에 육박하는 것으로 조사되었고, 14.4%는 한 달 이내에 만취 경험이 있다고 합니다(서울 청소년, 음주 얼마나 하고 있나? - 서울연구원(2023)). 흥미로운 사실은 청소년 음주 경험 이유를 조사해봤더니 '부모, 친척들의 권유에 의한' 것이 가장 컸다는 거예요. 처음 음주를 경험하는 나이도 초등학교 6학년에서 중학교 1학년이 가장 높았는데, 이 역시 음주에 관용적인 가정에서 일정 나이에 이르면 술을 권하는 것과 관계가 있을 수 있다고 봅니다. 저자가 초등학교 약물 오남용 교육을 나갈 때 술 마신 경험을 물어보면, 많은 아이가 경험이 있다고 이야기하는 것과 같은 결과죠. 경험이 있는 아이들 역시 대부분 부모가 장난삼아 권한 경우가 많았습니다. 이런 경험은 차후 술과 음주 인식에 영향을 줄 수밖에 없을 거예요.

중요한 것은 알코올은 담배와 함께 매우 위험한 '게이트 약물'에 속한다는 것입니다. 알코올을 섭취하면 중독을 유발하는 도파민 분비를 강하게 촉진함으로써 보상계를 자극하게 됩니다. 그뿐만 아니라 앞서도 언급했듯 진정 효과로 인해 정신적 긴장감을 완화합니다. 이런 효과로 육체적, 정신적 중독을 유발하는 거예요. 브리스톨 대학의 '흡연 시작과 알코올 소비가 약물 사용 결과에 미칠 수 있는 인과 효과(2021)' 연구 논문에 의하면, 알코올에 중독되면 대마 중독, 그다음은 마약 중독으로 이어지게 된다고 합니다. 더군다나 이른 나이에 중독성 약물에 노출이 된다면, 성인보다 더욱 쉽게 약물 중독에 이를 수 있게 됩니다. 당장 술을 먹었다고 해서 신체적으로 문제가 발생하는 것은 아니지만, 반복적인 음주는 결국 약물 중독의 시작으로 이어질 수 있고, 사회생활 전반에 큰 영향을 끼칠 수 있다는 점을 명심해야 합니다.

사회적 분위기를 다시 조성할 필요가 있습니다

이 글을 쓰면서 저도 많이 고민하게 되었습니다. 왜냐하면 저 또한 애주가까지는 아니지만, 음주자이기 때문입니다. 음주자이면서 술을 먹지 말자는 글을 주제로 쓰겠다는 이율배반적인 상황이 저를 괴롭게 만들었고, 글의 진도를 더디게 만들었어요. 하지만 자료를 조사하고 글을 수없이 고쳐가면서 제가 말하고 싶은 것이 점점 명확해짐을 느낄 수 있었습니다.

저는 인류가 태곳적부터 마시던 술을 없애자는 것이 아닙니다. 이는 누군가가 주장한다고 이뤄질 수 있는 일이 절대 아니겠죠. 다만 술에 의한 피해가 명확하고, 청소년에게는 매우 위험한 만큼 이를 막기 위한 몇 가지 사회적 분위기를 만들어가자고 말하고 싶습니다.

첫째, 안전한 술 문화를 정착시키고 적정 음주량을 만들어가는 노력을 해야 합니다.

누군가에게 술을 권하는 문화나 술잔을 돌리는 것 등은 과음을 유도하는 행위가 될 테니 절대 피하는 것이 좋겠습니다. 다른 사람에게 술을 따라주는 것이 아닌, 자신의 잔에 주량껏 따라 먹는 음주 문화를 정착시키는 것도 좋다고 생각합니다. 내 잔에 내가 따라 먹는 것만으로도 확실히 과음을 줄일 수 있어요. 당연히 음주 후에는 운전 등 그 어떤 기계 조작도 하지 말아야 합니다. 자동차를 운전하는 것뿐 아니라 자전거나 이륜차, 킥보드 등 다른 이동 수단도 음주 후에는 무기가 될 수 있다는 것을 기억해야 합니다. 또 살인 무기와 같은 음주운전에는 지금보다 강력한 처벌이 필요합니다.

둘째, 불특정 다수에게 음주 장면이 노출되는 것을 막아야 합니다.
특히 영화나 드라마 등에서 특정 상황에 음주하는 장면은 되도록 송출되지 않도록 해야 합니다. 마치 흡연 장면이나 흉기 같은 것들을 영상에서 삭제하거나 모자이크 처리하는 것처럼 말이죠. 유튜브와 같은 개인 SNS까지 모두 막을 수는 없겠지만, 적어도 공중파와 청소년 등급을 받은 영화에는 음주 장면을 넣지 않도록 권장하는 게 좋을 것 같습니다.

유명 연예인이 술 광고를 하는 것도 막아야 합니다. 미디어에서 선망하는 연예인이 술을 멋지고 즐겁게 마신다면 따라 하고 싶은 욕구를 불러일으키기 때문이에요. 또 공원 등 공공장소에서 음주하는 것은 법적으로 제한을 가해야 할 필요가 있습니다. 금연 구역을 정하듯, 음주를 제한하는 구역을 정함으로써 다수에게 무분별하게 음주 상태를 노출하는 것을 막는 방법을 취할 필요가 있다고 생각합니다.

술은 알코올, 중독성 약물입니다

결국 술에 의한 사회적 폐해를 막기 위해서는 술에 포함된 알코올 역시 담배 속 니코틴과 같은 중독성 약물임을 각자 인지하고, 되도록 복용량을 줄여나가는 노력을 해야 합니다. 그뿐만 아니라 음주 경험 연령을 최대한 늦게 만드는 사회적 분위기를 만들어나갈 때 건강한 술 문화가 정착될 수 있을 것으로 생각합니다. 2021년 보건복지부 발표에 의하면, 우리나라 알코올 중독 평생 유병률이 11.6%나 된다고 합니다. 10명 중 1명은 알코올로 인한 문제를 갖고 있다는 것이죠. 삶을 더 즐겁게 살기 위해 마시는 술이 자칫 나와 가족, 그리고 타인의 삶을 송두리째 망가뜨릴 수 있다는 것을 다시 한번 생각해봐야 합니다.

이제 우리 사회도 알코올의 늪에서 벗어나는 진정한 노력을 해야만 할 때가 된 것 같습니다.

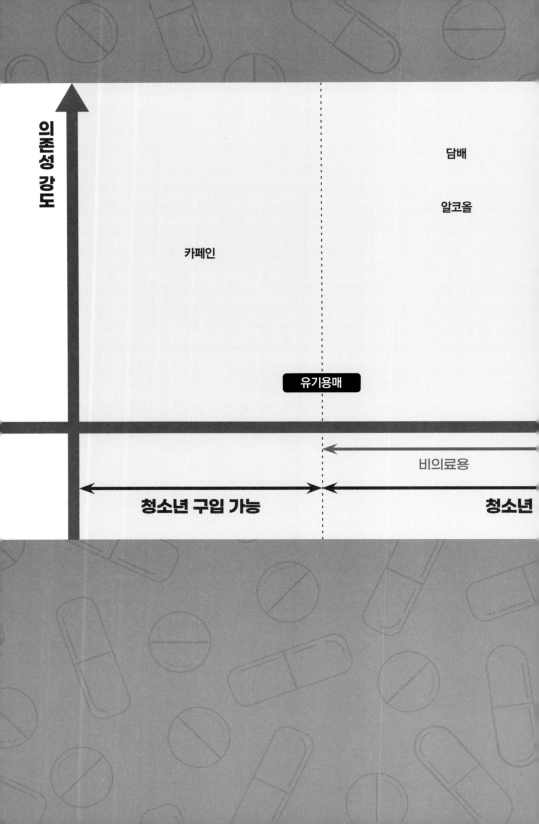

헤로인(디아세틸모르핀)
필로폰(메스암페타민, 흥분)
코카인

● 마약
● 향정신성 의약품
● 대마
● 유해화학물(환각물질)
● 기타 중독성 물질

메타돈(마약성진통제)
바비튜레이트(억제)

벤조디아제핀(억제)
암페타민(흥분)
케타민(억제)
대마초
메틸페니데이트(흥분)

LSD(리세르그산 디에틸아미드)
GHB(억제)
엑스터시(메틸렌디옥시 메스암페타민/MDMA, 흥분)
카트(케치논, 흥분)

아산화질소

의료용

구입 불가   **전 연령 구입 불가**

Chapter 2
의료용 마약이
더 위험하다!

마약류는
무엇일까요?

마약은 무슨 뜻일까요?

'마약과의 전쟁'이라는 말을 들어보셨죠? 이 표현은 어떻게 보면 정확하지 않을 수 있답니다. 너무 당연하게 쓰는 말이 틀릴 수도 있다니, 무슨 말일까요? 그것은 바로 '마약'이라는 단어 때문입니다.

마약은 한자어로 대마 마(麻)와 약(藥)의 합성어입니다. 마는 '삼, 대마'를 말하죠. '마약'은 '대마초'를 말하는 것 같지만 실제로는 그렇지 않습니다. 한자어 '마'에는 '마비시킨다'라는 뜻이 있기 때문입니다. 즉, 마약은 '마비시키는 약'이라는 뜻으로 봐야 합니다. 서양에서도 마약은 'drug'이라고 표현하기도 하지만, 'narcotics'로 말하기도 하는데요. narcotics는 그리스어 'narkotikos'에서 유래되었는데, 이 뜻이 '바로 뻣뻣하거나 무감각하게 만드는'이거든요. 그러니 우리가 사용하고 있는 용어와 같은 의미가 있는 것이네요.

　실제로 마약을 사용하고 나면 몸으로 느끼는 통증이 줄어들고 운동 신경은 무뎌지며, 환각작용 등으로 정상적인 사고가 불가능해집니다. 얼마 전 유튜브를 뜨겁게 달궜던 '필라델피아 좀비'를 떠올린다면 이 뜻이 더 잘 이해될 것으로 생각합니다.

　우리나라에서 본격적으로 마약이 사용된 것은 구한말인데요. 청나라 말기에 아편이 흘러 들어온 것으로 봅니다. 본래 중국에서는 오래전부터 아편의 원료인 양귀비를 이용해서 질병을 치료한다는 문헌이 존재했습니다만, 본격적으로 퍼져나가게 된 계기는 유럽에서 유입되면서입니다. 결국 아편이 사회적으로 큰 문제가 되면서 청나라는 수입을 금지하게 되지요. 그것이 나중에 영국과 전쟁을 하게 된 계기가 되었고, 청나라는 여러 차례 전쟁에 패하면서 망했어요.

　아편은 뇌를 억제하며 환각을 일으키는 마약류인데요. 그 때문에 아편을 사용하는 것을 옆에서 보면 몸이 마비되는 모습이 보였을 거예요. 그 추한 모습을 사용자는 죽을 때까지 알 수 없겠지만. '마약'과 'narcotics'는 말이 처음에 사용되었을 때는 아편과 같이 진정과 환각작용이 있는 약물을 말했을 것입니다. 혹자는 아편이 진정한 '마약'이라고 말하기도 합니다.

　'마약'은 단순히 몸만 마비시키는 것이 아니죠. 정신적으로 의존을 일으키면서, 경제적으로 생산 활동을 할 수 없게 하면서, 사회적으로 공동체를 파괴함으로써 마비를 일으킵니다. 한순간의 쾌락을 위해 사용한 '마약'은 결국 인생을 마비시키는 결과를 낳게 됩니다. '마약'이라는 단어가 정말 잘 만들어진 것 같지요?

마약류 관련 법이 만들어진 역사는?

이런 작용을 하는 물질들은 중독, 남용할 우려가 크고 사회와 인체에 치명적인 해악을 끼칠 수 있으므로 사용을 금지하도록 규정하고 있습니다. 처음 본격적인 규제는 1946년 11월 미국정 법령 제19호 마약 단속 규정에 따라 보건후생부 약무국의 감시가 시작되면서부터입니다. 이후 1957년 4월, 마약에 관한 국제 협약에 근거해 '마약법'이 제정되었죠. 드디어 '마약'에 대한 규제와 처벌이 우리 법 안으로 들어온 것입니다.

그런데 우리 사회를 병들게 하는 '약물'은 '아편'과 같은 것 말고도 매우 많이 있죠. 예를 들면 '필로폰', '본드'처럼 말이죠. 뒤에서도 말하겠지만 아편과 필로폰은 같은 '마약'이라고 알고 있지만 전혀 다른 약물이랍니다. 이러한 '약물'들을 규제하기 위한 법률들이 차례로 만들어지기 시작했습니다. 1963년 12월에 '독물과 극물에 관한 법률'이 제정되었고, 1970년 8월 마약 외 습관성 의약품 및 대마 관리를 위해 '습관성 의약품 관리법'이 만들어졌어요.

대마가 본격적으로 사회적 문제를 일으키자 정부에서는 1976년 '습관성 의약품 관리법'에서 '대마'를 따로 빼 '대마 관리법'을 만들어 보다 집중적으로 관리 감독하기 시작했습니다. 1980년 4월에는 습관성 의약품 관리법을 '향정신성 의약품 관리법'으로 개정했죠. 그렇게 오랫동안 '마약', '대마', '향정신성 의약품'이 따로 관리되어 오다가, 2000년에 하나로 통합되어 '마약류 관리에 관한 법률'이 만들어졌답니다.

이렇게 법률이 수정되다 보니 경계가 매우 모호해졌습니다. 어디까지가 마약이고 대마이며 향정신성 의약품인지 애매모호한 상황이 된 것이죠. 이 법률 2조 정의에 따르면 '향정신성 의약품'이란 인간의 중추신경계에 작용하는 것으로서 이를 오용하거나 남용할 경우 인체에 심각한 위해가 있다고 인정되는 것이라고 되어 있어요. 그런데 마약과 대마는요? 물론 여기에 모두 해당하겠지요. 전북대학교 약학대학 정재훈 교수도 <팜뉴스> 칼럼에서 '모든 마약류는 향정신성 약물이다'라며, '학술적으로 보면 마약과 대마도 당연히 향정신성 약물이다'라고 했습니다.

효능적으로 엄밀히 구분하기 어려운 '마약류'지만, 법적으로는 서로 구분되어 있습니다. 이것은 앞서 역사적으로 살펴봤던 것처럼 향정신성 의약품 법률 규제가 '마약을 제외한 습관성 의약품'에서부터 출발했기 때문일 것입니다. 의약품은 '약(藥)' 중에서 질병과 관련된 것을 말하거든요. 아마도 당시 마약과 대마는 의약품으로 사용하지 않았기 때문에 분리해서 관리하는 것이 더 효과적이었을 것입니다.

마약, 향정신성 의약품, 대마

그럼 현재 법적으로 마약과 향정신성 의약품, 대마는 정확하게 무엇을 말하는 것일까요? 다시 '마약류 관리에 관한 법률' 정의 부분을 살펴보겠습니다.

마약류 관리에 관한 법률
제2조(정의)
2. "마약"이란 다음 각 목의 어느 하나에 해당하는 것을 말한다.
   가. 양귀비 : 양귀비과(科)의 파파베르 솜니페룸 엘(Papaver somniferum L.), 파파베르 세티게룸 디시(Papaver setigerum DC.) 또는 파파베르 브락테아툼(Papaver bracteatum)
   나. 아편 : 양귀비의 액즙(液汁)이 응결(凝結)된 것과 이를 가공한 것. 다만, 의약품으로 가공한 것은 제외한다.
   다. 코카 잎[엽] : 코카 관목[(灌木) : 에리드록시론속(屬)의 모든 식물을 말한다]의 잎. 다만, 엑고닌·코카인 및 엑고닌 알칼로이드 성분이 모두 제거된 잎은 제외한다.
   라. 양귀비, 아편 또는 코카 잎에서 추출되는 모든 알카로이드 및 그와 동일한 화학적 합성품으로서 대통령령으로 정하는 것
   마. 가목부터 라목까지에 규정된 것 외에 그와 동일하게 남용되거나 해독(害毒) 작용을 일으킬 우려가 있는 화학적 합성품으로서 대통령령으로 정하는 것

---

3. "향정신성 의약품"이란 인간의 중추신경계에 작용하는 것으로서 이를 오용하거나 남용할 경우 인체에 심각한 위해가 있다고 인정되는 다음 각 목의 어느 하나에 해당하는 것으로서 대통령령으로 정하는 것을 말한다.
  가. 오용하거나 남용할 우려가 심하고 의료용으로 쓰이지 아니하며 안전성이 결여되어 있는 것으로서 이를 오용하거나 남용할 경우 심한 신체적 또는 정신적 의존성을 일으키는 약물 또는 이를 함유하는 물질
  나. 오용하거나 남용할 우려가 심하고 매우 제한된 의료용으로만 쓰이는 것으로서 이를 오용하거나 남용할 경우 심한 신체적 또는 정신적 의존성을 일으키는 약물 또는 이를 함유하는 물질
  다. 가목과 나목에 규정된 것보다 오용하거나 남용할 우려가 상대적으로 적고 의료용으로 쓰이는 것으로서 이를 오용하거나 남용할 경우 그리 심하지 아니한 신체적 의존성을 일으키거나 심한 정신적 의존성을 일으키는 약물 또는 이를 함유하는 물질
  라. 다목에 규정된 것보다 오용하거나 남용할 우려가 상대적으로 적고 의료용으로 쓰이는 것으로서 이를 오용하거나 남용할 경우 다목에 규정된 것보다 신체적 또는 정신적 의존성을 일으킬 우려가 적은 약물 또는 이를 함유하는 물질
  마. 가목부터 라목까지에 열거된 것을 함유하는 혼합물질 또는 혼합제제. 다만, 다른 약물 또는 물질과 혼합되어 가목부터 라목까지에 열거된 것으로 다시 제조하거나 제제할 수 없고, 그것에 의하여 신체적 또는 정신적 의존성을 일으키지 아니하는 것으로서 총리령으로 정하는 것은 제외한다.

4. "대마"란 다음 각 목의 어느 하나에 해당하는 것을 말한다. 다만, 대마초[칸나비스 사티바 엘(Cannabis sativa L)을 말한다. 이하 같다]의 종자(種子)·뿌리 및 성숙한 대마초의 줄기와 그 제품은 제외한다.
  가. 대마초와 그 수지(樹脂)
  나. 대마초 또는 그 수지를 원료로 하여 제조된 모든 제품

다. 가목 또는 나목에 규정된 것과 동일한 화학적 합성품으로서 대통령령으로 정하는 것

라. 가목부터 다목까지에 규정된 것을 함유하는 혼합물질 또는 혼합제제

정리하면, 우리나라 법에서 마약은 양귀비, 아편, 코카잎에서 추출하거나 유사한 성분으로 만든 것, 향정신성 의약품은 중추신경에 작용해서 신체적, 정신적 의존성을 일으키는 것을 말합니다. 대마는 대마초나 열매에서 추출하거나 동일한 성분으로 만든 것을 말하죠.

다시 한번 말하지만, 본래 마약과 대마는 의약품이 아니라서 따로 분리했던 것이었는데요. 세월이 변하면서 '2. 라'와 '4. 나'에 따라 만들어진 마약성 진통제, 마약성 진해제 등 '의약품'도 생겨났다는 것입니다. 그리고 '3. 가'처럼 향정신성 의약품 중에서 의약품으로 사용할 수 없는 것들도 만들어졌다는 것이죠. 법이 만들어지고 개정되는 상황과 실제 현실에는 속도 차이가 날 수밖에 없겠지만, 마약류에 관련된 법은 더 심하게 차이가 나는 것 같습니다.

이러한 용어의 혼선은 결국 약물에 대한 정확한 인식을 어렵게 만듭니다. 오랜 시간 동안 만들어져 온 법이 실제로 현재를 반영하기 어렵다는 것이죠. 현 법률에서는 '마약', '향정신성 의약품', '대마'를 합쳐 '마약류'로 부르고 통합해서 관리하고 있습니다만, 일상적으로는 '마약과의 전쟁'처럼 '마약류'라는 용어가 주로 사용되고 있지는 않습니다.

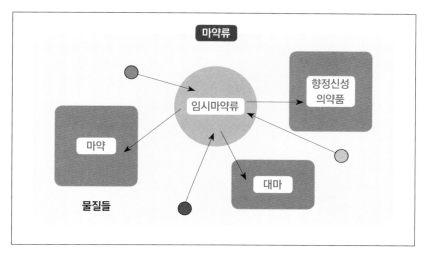

종류가 다양한 마약류와 흐름
(임시마약류로 분류된 물질은 다시 마약, 대마, 향정신성 의약품 등으로 구분)

더욱 정확한 개념을 세워야 할 때

이제 '마약과의 전쟁'이라는 용어가 틀릴 수도 있다는 것에 대한 의미를 다시 한번 생각해보겠습니다. 지금 우리 현실에서도 '아편', '코카인'에서 유래된 '마약'이 분명 문제가 되고 있습니다. 하지만 향정신성 의약품에 속하는 '필로폰' 등으로 만들어진 '엑스터시', 수면 마취제인 '프로포폴', 식욕억제제 '펜터민', 수면제 '졸피뎀' 등도 의존, 남용을 일으키며 개인적, 사회적으로 큰 문제를 일으키고 있죠. 대마나 '합성 대마' 또한 환각작용 등으로 심각한 문제를 유발합니다. 이것들은 엄밀히 따지면 마약이 아닙니다. '향정신성 의약품'과 '대마'인 것이죠. 이런 의미에서 '마약'이라는 용어 사용은 오히려 범위를 좁게 만들 우려가 있습니다. 우리 사회를 병들게 하는 약물들은 '마약' 외에도 너무 많다는 인식을 해야 합니다. 이런 것들을 통틀어 법으로는 '마약류'라고 명칭하고 있고요. 그러니 우리는 지금 '마약'과의 전쟁을 치르고 있는 것이 아니라 '마약류'와의 전쟁을 치르고 있는 거예요.

에이, 그게 그거 아니냐고요? 너무 심각하게 생각한다고요?

그렇지 않습니다. '말'은 '생각'을 지배해요. '생각'은 '행동'하게 만듭니다. '마약'이라는 부정적인 용어가 음식과 함께 쓰이면 긍정적인 말이 되어버리죠. 마약 김밥, 마약 떡볶이… 당장 먹고 싶어지잖아요. '마약' 하면 인체를 심각하게 훼손할 것 같고, 불법을 저지르는 인식이 강하게 느껴지지만, '향정신성 의약품'이라고 하면 왠지 질병을 치료하는 용도로 사용되니 좋은 것이라는 생각이 들 수도 있고, 합법적이라는 인식이 생길 수 있어요. 이런 생각은 약물 사용의 허들을 낮추게 되죠. 허들이 낮아지면 사소한 '호기심'과 '유혹'에도 사용하기 쉬워집니다.

이제라도 사회적으로 마약에 대한 정확한 정의를 내릴 때가 되었습니다. '마약'이라고 하면 사람들이 없는 틈을 타서 몰래 주사를 맞거나 가루를 흡입하는 것이 아닌, 약 봉투와 약포지에 담겨 있을 수도 있다는 것, 먹기 좋은 사탕이나 붙이는 패치처럼 다양한 모습을 하고 있다는 것, 심지어 무색, 무미, 무향일 수도 있다는 것을 알고 있어야 예방할 수 있습니다.

그리고 아직 사회적 합의가 된 용어가 만들어지지 않았다면, 현재 사용하고 있는 것부터 점검하는 것이 좋겠죠. 일단 '마약'이라는 좁은 의미의 단어보다는 '마약류'로 보다 광범위한 용어를 사용해야 합니다. 특히 불법적으로 사용된 '향정신성 의약품'의 경우 '의약품'이라는 인식이 생기지 않도록 용어를 재정립해야 할 것입니다. 합법적으로 사용되는 '마약류'라고 하더라도 몸에 심각한 위해를 일으킬 수 있다는 것을 알 수 있도록 교육과 캠페인을 지속해야 해요.

마약성 진통제가
마약 중독을 유발한다고요?

아버지의 극심한 통증과 패치… 그리고 환각

저희 아버님은 오래전 담낭암으로 작고하셨습니다. 처음 담낭암 말기 판정을 받을 때만 해도 6개월을 넘기기 힘들다는 진단이었는데, 다행스럽게도 그 뒤 6개월을 더 가족 곁에 계셔 주셨지요. 처음 6개월은 통증도 없고 별다른 증상이 없었어요. 항암치료를 받을 때는 좀 힘들어하셨지만, 이대로 건강해지시는 것이 아닌지 기대할 정도로 평상시와 다를 바 없었죠. 하지만 본격적으로 병세가 악화하기 시작하자 걷잡을 수 없을 정도로 상태가 나빠졌습니다. 식사와 체력도 그렇지만, 문제는 견딜 수 없는 통증이었습니다.

본래 아프다는 말을 거의 안 하시는 분이셨지만, 암으로 인한 통증은 상황이 달랐습니다. 결국 병원에서는 마약성 진통제를 사용하기 시작했어요. 적은 용량으로 시작된 듀로제식디트랜스 패치는 순식간에 단위가 올라가기 시작했죠. 패치 약효가 다 될 때면 빠르게 약을 교체해줘야 할 만큼 약으로 버티셨던 것 같아요. 이 무렵부터 이상한 말씀을 하시기 시작하셨는데, 귀신이나 저승사자가 보인다는 것이었습니다. 그럴 때마다 아버지께 패치에 들어 있는 성분 때문에 그렇게 느껴지는 것이라고 말씀드리고 안심시켜 드렸답니다. 하지만 그 뒤로도 아버지는 계속 있지도 않은 것들이 보인다고 하셨어요. 하지만 이러한 환영을 무서워하지는 않으셨죠.

지금 생각해보면 마약성 진통제를 사용해서 통증은 없어졌지만, 환각들이 보이기 시작했고, 마약의 효과로 그런 것들이 무섭다는 판단이 서지 않으셨던 것 같아요. 통증이 사라진 것처럼 정상적인 사고력도 사라지고 있었던 것 같습니다.

야누스 얼굴을 가진 펜타닐 패치

통증은 때로는 생명을 지켜주지만, 만성적으로 이어지거나 극심한 통증은 그 자체로 삶을 파탄낼 수 있는 매우 강력한 위해 요소입니다. 평상시 머리가 아프거나 치통이 있을 때 약을 먹지 않고 그대로 견뎌낸다면 얼마나 힘들겠어요? 이럴 때 진통제를 복용하고 통증이 사라지면 그것만큼 행복한 시간이 또 있을까요? 만약 아무리 진통제를 먹어도 없어지지 않는 통증이 있다면 얼마나 괴로울까요? 이런 통증을 해결해주는 '약'이 바로 펜타닐입니다.

펜타닐은 마약성 진통제입니다. 통증이 극심한 환경이 되었을 때, 일반적인 진통제로 견딜 수 있는 상황이 아닐 때 사용할 수밖에 없는 약이죠. 펜타닐은 감각신경을 전달하는 척수와 대뇌의 뮤-수용체(아편 유사체 수용체 일종)에 직접 작용합니다. 즉, 통증 자체를 느끼지 못하게 하는 거예요. 이런 강력한 효과 때문에 일반적인 진통제로 효과를 보지 못했던 사람들도 통증에서 벗어날 수 있답니다.

효과가 무려 모르핀의 50~100배가 된다고 하니 정말 강력하다고 말할 수 있습니다. 거기에 모르핀류가 유발하는 다른 부작용이 적다고 하네요. 효과가 좋아 환자 반응이 좋고, 원하지 않는 반응도 덜 나타나니 병원에서 사용하지 않을 이유가 없습니다. 펜타닐은 주사제로 사용하면 신속하게 효과가 나타나기 때문에 수술 후 통증 관리에 정맥 주사로 사용하기도 해요. 수술 후, 자연 분만 후에 극심한 통증을 줄이기 위해 투여하는 '무통 주사'가 바로 마약성 진통제 펜타닐 성분입니다. 놀랍죠?

이런 강력한 통증 완화 효과는 단기간, 저용량으로 사용하면 거의 문제가 발생하지 않습니다. 문제는 장기간, 고용량으로 사용하는 경우죠. 암 환자나 추간판탈출증(소위 디스크) 환자 등 견딜 수 없는 통증을 제어하기 위해 펜타닐을 사용할 때는 피부에 부착하는 패치 제형을 사용합니다. 패치는 지속적으로 사용한다는 데 문제가 있어요. 피부를 통해 흡수되어 효과가 나타나는 펜타닐 패치는 약효가 24시간 정도 지나야 제대로 나타납니다. 한 장 붙이면 3일간 효과가 지속되기 때문에 몇 장만 사용해도 투약 기간이 10일은 훌쩍 넘기게 되지요. 저용량으로 사용하다가 점차 용량을 높이게 되는데, 고용량 사용시 갑자기 중단하게 되면 더욱 강력한 통증에 시달리게 되기도 합니다. 금단현상으로 통증뿐 아니라 수면장애, 설사, 구토, 손발 떨림, 약물에 대한 갈망 등 금단증상을 유발할 수도 있어요. 반드시 의사와 약사의 지시에 따라 테이퍼링(tapering) 요법으로 중단해야 하는 무서운 약입니다. 시작은 어렵지 않지만 끝낼 때는 쉽지 않죠. 극심한 통증을 겪는 사람에게 신이 내린 천사와 같았던 마약성 진통제는, 통증 근본이 치료되지 않는 한 마약성 진통제에 의존하게 만드는 악마의 모습 또한 가진 거예요. 그러므로 펜타닐 패치는 임종을 앞둔 암 환자나 정말 통증 때문에 생활을 할 수 없는 환자에게만 처방이 이뤄져야 하는 약입니다.

진통제가 마약으로 변하는 이유

펜타닐 패치의 또 다른 문제는 진통제가 아닌 다른 용도로 사용될 수 있다는 것입니다. 펜타닐이 바로 모르핀, 즉 아편과 같은 수용체에 작용한다는 것을 기억해주세요. 즉, 펜타닐이 대뇌에 작용하면 아편처럼 흥분을 억제하는 신경을 막아버립니다. 흥분 기전이 제어되지 않는 대뇌는 그야말로 대량의 도파민과 같은 흥분성 뇌신경전달물질을 분비하게 됩니다. 펜타닐 또한 환각작용을 유발할 수 있다는 말이죠. 이런 펜타닐의 효과가 알려지면서 펜타닐을 합법을 가장한 불법으로 처방받는 사람들이 매우 많아졌습니다. 지난 3년간 펜타닐 패치 처방이 67% 증가했다고 해요(<메디칼월드뉴스> 2022년 10월 10일 기사). 국내 중증 통증 환자가 그렇게 빠르게 증가했다고 볼 수 없으므로, 결국 다른 용도로 처방받은 사람들이 늘었다고 볼 수밖에 없을 것입니다.

패치는 파스처럼 피부에 붙여 효과를 보는 제형입니다. 경피로 흡수되면 그 흡수 속도가 느려서 급격한 환각효과를 당연히 기대할 수 없어요. 본래 패치 형태는 지속적인 통증 조절을 위해서만 사용한다면, 불법 마약과 같은 용도로 사용할 수 없는 것입니다. 하지만 패치에 묻어 있는 펜타닐 성분만 가루로 만든 후 코로 흡입한다면 차원이 다른 이야기가 됩니다. 코로 흡입된 펜타닐은 바로 혈액으로 들어갈 수 있어서 급격한 효과를 유발하게 되지요. 지난 2021년 부산, 경남 지역 청소년들이 펜타닐을 사용해서 무더기로 적발된 사건 기억하시나요? 이 역시 구입한 펜타닐 패치 알루미늄 필름 부분을 불로 그을려 펜타닐을 분리한 다음 코로 흡입한 것입니다. 그야말로 통증을 관리하는 도구가 불법 마약으로 재탄생하는 순간입니다.

너무 쉽게, 합법적으로 구할 수 있다는 것이 문제

문제는 많은 사람이 너무 쉽게 약을 구할 수 있다는 것입니다. 정말 조절하기 어려운 통증에만 사용하게 되어 있는 마약성 진통제가 어떻게 이렇게 쉽게 구해지는 것일까요? 바로 의료기관의 처방과 약국에서의 조제가 일사천리로 이뤄지기 때문입니다.

<한국일보> 2020년 6월 23일 기사를 보면, 기자가 서울에 있는 한 의원을 찾아가 펜타닐을 처방받았던 사례가 나옵니다. 기자가 허리를 다쳐서 펜타닐 패치를 붙여 왔다고 둘러대자, 고용량 100ug/h 펜타닐 패치를 10장 처방받을 수 있었다고 합니다. 무려 한 달 사용량이에요. 병원에 가서 접수, 진료, 처방받을 때까지 걸린 시간은 고작 7분. 약국에서 구입하는 데 걸리는 시간도 얼마 걸리지 않았습니다. 17만 2,520원과 10여 분 시간을 투자해 고용량 펜타닐 패치 10장을 합법적으로 구한 거예요. 더욱더 심각한 문제는 위조된 신분증을 이용하거나 제삼자를 이용한 구매도 성행한다는 것입니다. 정말 너무도 쉽게, 아주 쉽게 마약을 구할 수 있는 세상. 이것이 대한민국의 현주소입니다.

중독과 금단증상, 그리고 죽음

미국에서 7분마다 1명씩 사망에 이르게 하는 죽음의 마약이라고 부르는 펜타닐. 2023년 미국에서 약물 과다 복용으로 사망한 사람은 약 107,543명으로 추정되는데요. 펜타닐에 의한 경우가 무려 약 75%(81,083)나 되었다고 합니다(CDC 2024년 5월 15일 자료). 펜타닐은 소량만 흡입해도 치사량에 이르기 쉽습니다. 20~40대 약물 중독의 최대 원인이 펜타닐이라고 하니 정말 문제가 심각할 지경에 이르렀다고 볼 수 있겠네요. 미국은 합법적 펜타닐도 문제지만, 불법적으로 유통되는 펜타닐도 매우 많으므로 더욱더 문제라고 볼 수 있습니다.

그렇다면 우리는 안전할까요? 그렇지 않습니다. 젊은 층의 펜타닐 오남용이 늘고 있다는 통계가 보이고 있기 때문입니다. 2021년 자료를 살펴보면, 10대 이하에서 2,965건, 20대에서 1만 6,274건 펜타닐 패치 처방이 나왔다고 합니다(<조선비즈> 2022년 8월 16일 기사). 펜타닐 패치는 18세 미만은 사용할 수 없으니 18, 19세에게만 3,000건에 가까운 펜타닐 패치 처방이 있었다는 말이죠. 정상적인 통증 경감을 위해 패치를 사용한 사람도 있겠지만, 그렇지 않은 사람도 분명히 있다는 것입니다.

펜타닐 패치 유효 성분을 불법으로 흡입하면, 중독도 문제고 금단 증상도 문제지만 그보다 더 큰 문제는 용량 자체가 조절이 안 된다는데 있습니다. 펜타닐은 매우 적은 2mg만으로도 호흡 곤란을 일으켜 죽음에 이를 수 있어요. 잠깐의 환각을 즐기려다 영원토록 돌아오지 못할 강을 건너버릴 수도 있다는 점을 반드시 기억해야 합니다.

지금 바로 시작해야 합니다

불법적으로 사용하는 마약도 물론 문제지만, 합법적으로 사용하는 마약은 더욱 큰 문제입니다. 왜냐하면 도덕적 해이를 불러올 수 있기 때문이에요. 현재 정부에서는 마약류통합관리시스템을 통해 마약류 생산에서 유통, 처방과 조제, 사용, 폐기까지 철저하게 관리한다고 말하고 있지만, 실제 현장에서는 새는 구멍이 너무나 많습니다. 이 때문에 보다 정확한 정보를 확인하는 작업이 필요합니다.

펜타닐 패치와 같은 실제 마약을 처방받는 경우에는 신분증과 함께 더욱 철저하게 본인 확인을 할 필요가 있습니다. 필요하다면 마치 출입국 심사처럼 방문자 얼굴을 동시에 체크해야 처방 입력이 가능하게 만드는 방법도 고려해봐야 합니다. 또 본인이 호소하는 증상 외에 진단서 첨부를 통해 실제 마약성 진통제를 복용해야만 하는 적합한 사유를 반드시 첨부하도록 해야 할 것입니다. 약사가 약을 투약할 때도 실제 건강보험증을 확인하고 신분증과 대조해서 본인이 투약받는 것이 맞는지 반드시 확인하고, 만약 환자가 오남용이 의심될 때는 바로 의료기관에 연락해서 조치하도록 의무화할 필요도 있습니다. 약을 만들고 판매하는 제약회사 역시 마약류 진통제의 위험성을 제대로 알리는 대중 교육에 힘을 쏟아야 합니다. 이윤을 남기는 것만큼 사회 안전을 위해 투자해야 하지 않을까요? 정부도 마약을 보다 실시간으로 데이터를 검토해서 이른 시일 안에 오남용을 적발할 수 있도록 해야 합니다.

현실적으로 어려운 여건일 수 있지만, 지금은 병원과 약국, 제약회사, 정부가 모두 힘을 모아 마약류에 대처하지 않으면 안 되는 엄중한 시기입니다. 미국이 하는 마약과의 전쟁이 먼 나라 이야기 같은가요?

진통제가 마약일 수도,
아닐 수도 있다고요?

마약과 비마약 경계에 있는 진통제가 있다고요?

여러분께서는 마약과 비마약 사이에서 꾸준히 줄타기하는 '의약품'이 있다는 것을 알고 있나요? 이 의약품은 국내에 2002년 얀센에서 발매될 때부터 논란이 있었는데, 22년이 지난 지금까지도 논란의 중심에 서 있답니다. 그 이유는 당연히 매출이 매우 높고 꾸준히 성장 중이기 때문입니다. 이 의약품은 전문의약품이기 때문에 의사 처방으로만 판매할 수 있는데, 매출이 높다는 이야기는 그만큼 많은 환자가 복용했다는 것입니다.

그 약은 바로 무엇일까요? 울트라셋(울트라셋이알)정이랍니다.

울트라셋류는 해열 진통제인 아세트아미노펜과 중추성 진통제인

트라마돌이 복합된 약입니다. 아세트아미노펜(또는 파라세타몰)은 브랜드 명이 타이레놀로, 하루에 4,000mg 이하로 복용하면 안전한 성분이 랍니다. 문제가 되는 성분은 바로 '트라마돌'이지요.

트라마돌이 포함된 약은 '울트라셋'뿐만 아니라, '트라스펜정'과 같이 다른 제약회사 동일 성분약도 있고, '트리돌정'과 같은 단일제제도 있습니다. 2023년 11월에 진행된 국정감사에서 '트라마돌 유해성' 에 대해 공식적으로 제기가 되었는데요. 사실 본격적으로 다시 논란 이 되기 시작한 것은 그보다 3년 전에 프랑스에서 '트라마돌 처방 제 한 강화'가 알려졌을 때부터였습니다. 2020년에 프랑스는 비암성통 증에 트라마돌 사용을 12주 내로 제한했다고 발표했는데요. 이 사실 이 국내에 알려지면서 '트라마돌 마약류 검토 사안'이 다시 재점화된 것입니다.

이미 미국 마약 단속국(DEA, Drug Enforcement Administration)에서는 2014년 트라마돌을 'Schedule IV'로 분류해놓고 관리하고 있습니 다. 헤로인과 같은 마약은 'Schedule I'이며 모르핀, 옥시코돈 등 마약 성 진통제들은 'Schedule II'에 분류되어 있어요. 트라마돌이 포함된 'Schedule IV'에는 '아티반', '자낙스' 등이 함께 들어 있는데, 이 약물 들은 향정신성 의약품으로 국내에서도 철저하게 관리되고 있답니다. 영국도 트라마돌은 마약류로 분류해서 관리하고 있어요. 그런데 유독 한국은 왜 마약류에서 빠졌을까요? 그러니 위해성 논란과 함께 관리에 관한 이야기들이 나오지 않을 수 없는 것입니다.

트라마돌은 어떻게 작용하나요?

트라마돌은 어떤 기전으로 작용할까요? 이 부분은 제 칼럼 <배현 약사의 약 부작용 이야기>의 일부 내용을 발췌해보도록 할게요.*

[트라마돌은 일반 진통제와는 완전히 다른 성분입니다. 트라마돌은 다음의 2가지 기전을 통해 통증을 완화시킵니다.

첫째는 비마약성 작용으로 세로토닌 분비를 자극하고 노르에피네프린과 세로토닌 재흡수를 억제해 통증에 효과를 보입니다. 둘째는 마약성 작용으로 오피오이드 수용체 중 하나인 뮤(μ)-수용체에 작용해 통증을 억제합니다. 울트라셋은 암과 같은 강한 통증에 사용하는 모르핀의 1/10 정도 통증 완화 효과가 있을 정도로 강하게 작용합니다… (중략) …2014년 '건약'에서는 트라마돌 성분을 향정신성 의약품으로 분류할 것을 식품의약품안전처(이하 식약처)에 촉구했으며 사용기준 허가사항을 보다 엄격하게 변경할 것을 요구하기도 했습니다.

한 미국 약물 중독 정보 사이트 'DrugRehab.com'에서는 "트라마

---

* 출처 : [배현 약사의 약 부작용 이야기] "어지럽고 졸리고" … 국민약 '진통제' 올바른 복용법,
<헬스경향> 2019년 5월 10일자 기사.

돌은 약한 처방 오피오이드 약물 중 하나지만 약의 사용은 신체적 의존과 중독을 초래할 수 있다"고 경고하고 있습니다. 또 "통증 완화를 위해 약을 보다 많이 복용해야 하거나 약을 얻기 위해 처방 쇼핑을 하고 약 복용 후 중단하기 어려울 때는 트라마돌 중독을 의심해봐야 한다"라고 강조합니다.]

트라마돌 역시 의존성을 걱정해야 합니다

바로 이 지점이 문제가 됩니다.

즉, 아무리 약하더라도 마약과 동일한 수용체에 작용하는 약물임에 분명하고, 당연히 의존, 중독성을 갖게 되지요. 식품의약품안전처는 이 내용을 모르고 있을까요? 그렇지 않아요. 울트라셋(아세트아미노펜+트라마돌) 사용 설명서에 표기된 [경고] 8)을 보면 '트라마돌은 모르핀형(u-opioid)의 정신적, 육체적 의존성을 유발할 수 있다'라고 했고, 트리돌캡슐(트라마돌) 사용 설명서 [경고] 2)에도 '장기 투여에 의한 내약성으로 인해 정신적, 육체적 의존성이 발생할 수 있다. 약물 남용 또는 의존성이 있는 환자에게는 엄격한 감독하에 단기간 투여한다'라고 명시되어 있습니다.

식품의약품안전처(이하 식약처)에서 트라마돌의 문제를 인식하고 있다는 점은 2022년 트라마돌 단일제제 허가사항을 변경하는 부분에서도 드러나는데요. 본래 경고에 있었던 '트라마돌은 의존성이 낮으나'라는 내용을 삭제한 것입니다. 하지만 2023년 국정감사 서면질의에서는 마약류로 지정해야 한다는 주장에 대해 근거가 부족하다며 제동을 걸고 있습니다. 앞뒤가 맞지 않는 모습이에요.

식약처의 자세는 일견 이해가 되기도 합니다. 어차피 트라마돌이 전문의약품이고 의사의 처방으로만 구입이 가능하므로 남용될 우려가 크지 않다는 것입니다. 하지만 의존성을 유발할 수 있는 약물에 중독되었을 때 환자가 처방을 요구한다면 거부할 수 있는 의사들이 얼마나 있을까요? 여기저기 아프다고 하면서 처방을 요구한다면요? 또는 의사 스스로 셀프 처방을 한다면요? 그것을 막을 방법이 있을까요?

최근 지속적으로 문제가 되는 '프로포폴'도 2011년 향정신성 의약품으로 지정되기 전 엄청난 논란이 있었는데요. 그런데 지금은 어떤가요? 아마 전문의약품으로 그대로 있었다면 커다란 사회적 문제로 나타났을 것입니다. 정신적 의존을 일으킬 수 있는 약물의 관리는 어느 직능에 맡길 수 있는 것이 아닙니다. 사회적 시스템을 통해 동시점검이 필요한 것이죠. 이런 것을 위해서 '마약류통합관리시스템'이 구축되어 있지 않은가요? 오랫동안 논의되었고, 일부 국가에서는 엄격하게 관리되는 약물을 우리는 왜 그대로 두고 있는지 정말 모르겠습니다.

트라마돌을 마약류로 분류해서 관리할 필요가 있습니다

제 유튜브 채널(배현약사 링거TV)에는 트라마돌 유해반응을 설명하는 영상이 올라가 있습니다. 그 영상 댓글을 보다 보면 생각보다 많은 사람이 트라마돌 부작용으로 힘들어하는 것을 알 수 있어요. 약물은 우리가 가진 질병을 예방하고 치료해주지만, 잘못 사용하면 큰 해악을 주기도 합니다. 특히 정신적인 부분에 작용하는 약물이라면 더 말할 필요가 없지요. 혹, 대다수 사람에게 별문제가 없다고 해도 누군가에게 문제가 나타날 가능성이 있다면, 그것이 의존성이라면 더욱 보수적으로 접근할 필요가 있다고 생각합니다. 20년 넘게 지속되어온 트라마돌의 논란은 이제 종지부를 찍을 때가 되지 않았을까요? 아무쪼록 트라마돌이 마약류로 지정되어 남용되지 않고, 더 엄격하게 관리될 수 있길 바라봅니다.

유튜브 배현약사 링거TV

뼈말라족이지만
식욕억제제를 끊을 수 없어요

SNS를 통해 약이 판매된다고?

인체에 매우 강력한 영향을 미치는 물질을 우리는 '약'이라고 부릅니다. 약은 유통 과정이 명확하고 전문가를 통해서만 유통되어야 하므로 대부분은 약국을 통해서만 판매되고 있지요. 하지만 정말 위험하게도 일부 약들이 온라인 사이트에서 불법적으로 판매되고 있다는 말도 들립니다. 그 일부 약물 중 대표적인 것이 바로 나비약(제형이 나비 모양)으로 유명한 식욕억제제 '펜터민'입니다.

저도 실제로 X(구 트위터)에 들어가서 '나비약'을 검색해봤습니다. "2023년 3월 28일 나비약 ㄷㅇㅌㅁ 디타 디에타민 양도합니다. 30정 있습니다. 인증 빡세게 가능 거래경험, 거래 후기 O"라는 내용이 바로 검색되고, 거래 인증 샷까지 뜨는 것을 볼 수 있었습니다. 실제로 얼마인지 물어보는 사람도 있는 것으로 봐서 불법 의약품이 분명 거래되고 있음을 알 수 있었죠. SNS 특성상 은밀하게 진행되는 거래인 만큼 적발하기도 어려운 것이 문제입니다. 애초에 돈을 목적으로 불법 거래를 하는 사람들도 있겠지만, 처방받아 복용한 뒤 부작용을 겪고 남은 약이 아까워 파는 사람들도 있었습니다. 자신도 부작용으로 고생했는데 약을 판매한다는 것도 어처구니없지만, 그것을 사겠다는 사람들의 댓글이 줄을 잇는다는 것도 정말 황당한 일이 아닐 수 없습니다. 문제는 이런 약을 사고파는 사람 중에 10대도 있다는 거예요.

2022년 6월에 YTN에서 보도된 내용을 보면, 식욕억제제를 판매한 사람 8명과 구입한 사람이 51명이 적발되었는데 판매한 사람 절반이 10대며, 구입한 사람 다수도 10대였다고 합니다. 약에 대한 위험 인지와 범죄에 대한 인식이 전혀 없는 현실입니다. 현직에 있는 약사로서 무섭기까지 하네요.

약을 구하는 사람은 과연 누구일까요?

펜터민이 의료기관을 벗어난 사각지대에서 거래되는 것은 왜곡된 체중에 대한 인식이 가장 크게 작용한다고 볼 수 있습니다. 특히 남성보다 여성이, 성인보다 어린 청소년이 더욱 잘못된 인식을 가진 경우가 많아요.

체중에 대한 왜곡된 인식

2010년 국민건강영양조사 자료를 이용해서 여성의 주관적 체형 인식을 조사한 발표 자료(우리나라 여성의 주관적 체형 인식에 따른 체중조절 행동 : 2010년 국민건강영양조사 자료를 이용해서(2015))를 살펴보죠. 저체중이지만 자신을 정상 체형이라고 인식한 여성은 10대, 20대 순이었고, 정상체중이지만 비만 체형이라고 인식한 여성 역시 10대, 20대 순이었습니다. 이러한 잘못된 인식은 마른 체형을 선호하는 사회적 분위기와 함께 대중매체의 영향으로 어린 시절부터 마른 체형이 아름다운 체형이라는 그릇된 생각이 자리 잡고 있기 때문입니다.

거기다 사회 전반에 깔린 외모 차별주의. 연예인처럼 예쁘고 멋진 몸매여야 정상적이고 자기관리가 확실한 것이고, 그렇지 않으면 비정상적이며, 자기관리를 못 하는 게으르고 무능한 것이라는 시선. 내가 생각하는 나보다 남이 생각하는 내가 더 중요해진 사회적 분위기. 이러한 비뚤어진 시각들은 다이어트에 집착하게 만드는 원인으로 자리 잡게 된 것으로 보입니다. 소위 '뼈말라족'이 되고 싶은 이들이 바로 펜터민을 찾는 대표적인 사람들입니다.

앞서 말한 것처럼 이런 인식은 젊은 여성, 청소년일수록 강하게 나타나는데요. 이들은 SNS에 능숙한 특성상 약을 구하기 위해 X나 텔레그램 등에 검색하는 경우가 많죠. 이를 악용하는 범죄자들은 약 부작용 따위는 관심도 없이 청소년에게까지 불법 또는 합법을 가장한 불법으로 구한 약을 다시 불법적으로 판매하고 있는 것입니다.

분명 식욕억제제는 체중을 늘리는 음식에 관한 생각을 없애고, 체중을 감량하는 데 매우 좋은 효과를 보입니다. 이 때문에 한번 약에 의존해서 체중을 감량한 사람들은 약을 끊은 뒤에도 체중이 조금이라도 늘어나면 다시 약을 먹고 체중을 줄이고 싶어 하게 되지요. 힘들게 운동하는 것보다 편하니까요. 결국 약에 대한 의존성이 높아질 수밖에 없습니다. 그런데 통계를 자세히 보면 그것만으로는 해석되지 않는 점이 있습니다.

2019년부터 2021년까지 집계된 향정신성 식욕억제제 처방 추이를 살펴보겠습니다.

2019년에 161만 2,000여 명에게 2억 5,050만여 정, 1인당 연간

155정이 투여된 식욕억제제가 2021년에 들어와서 152만 2,400여 명에게 2억 4,500만여 정, 1인당 연간 161정이 투여된 것으로 나타났습니다. 그중 부동의 1위는 역시 나비약 '펜터민'이었습니다. 분명 처방되는 인원은 줄어들었는데, 복용하는 약은 늘어나고 있는 모양새예요.

그렇다면 지속적인 식욕억제제 처방 증가 요인이 단순하게 살을 빼는 목적에만 있을까요? 그렇다면 처방받는 인원도 동시에 늘어야 하지 않았나요? 저는 이 증가 원인 중 하나는 펜터민이 가지고 있는 중추신경계 작용에도 있다고 생각합니다.

펜터민은 필로폰으로 유명한 메스암페타민과 유사 구조로 되어 있습니다. 물론 필로폰은 암페타민에 메틸기를 붙여 중추신경계에 더 강력하게 작용하도록 만든 것이고, 펜터민은 암페타민을 모핵으로 하며 중추 작용은 최소로 하며 식욕억제 효과를 극대화시킨 약물이긴 합니다. 하지만 그렇다고 중추신경 작용이 없는 것은 아니에요. 펜터민을 복용한 많은 사람이 불면을 호소하는데, 이것은 뇌를 흥분시키는 도파민, 노르에피네프린 등의 분비를 엄청나게 늘리면서 흔히 발생하는 부작용이랍니다. 이 작용은 앞서 말한 것처럼 중독성 약물이 뇌에 미치는 영향과 똑같다고 볼 수 있어요. 이 때문에 환각, 환청 등이 나타나기도 합니다. 얼마 전 제주도에서 발생한 20대 여성 난폭 운전 사건도 이 펜터민을 상습적으로 복용하면서 정신질환이 발생해 일어난 것이었어요. 이런 중추신경계에 작용하는 작용은 지속적으로 흥분 상태 빠지게 만들기도 하는데, 마치 조현병과 같은 증상을 유발하기도 합니다.

펜터민 다량 복용 환각효과는 마치 필로폰과 유사할 정도라고 하는데요. 2020년 <한국일보>에 인터뷰한 한 마약 중독자의 인터뷰를 보지요.

"필로폰과 거의 비슷한 느낌이었어요. 원래 복용량은 하루 1알인데, 10알 정도를 한꺼번에 먹으니 확 꽂히더라고요. 전화가 와도 못 받을 정도였어요."

펜터민 덕에 필로폰 금단현상이 사라졌다던 이 마약 중독자는 펜터민을 여기저기서 처방받아 복용했고, 펜터민을 끊는 것이 매우 어려웠다고 증언했습니다. 이게 일부 마약 중독자만의 이야기일까요?

약국 현장에서 보는 모습들은 통계와는 다릅니다!

그렇지 않다는데 더욱 큰 문제가 있습니다. 병원에서 식욕억제제를 처방받은 많은 사람 중 몇몇은 약을 끊지 못해 지속적으로 처방받기도 합니다. 식품의약품안전처 기준에 의하면, 경구 식욕억제제는 BMI 30kg/㎡ 이상인 사람에게 단기 투여해야 합니다. 4주 이내 투여가 원칙이며, 최장 3개월 투여가 원칙으로 되어 있어요. 하지만 앞서 살펴봤듯, 산술적으로만 따져도 식욕억제제를 1인당 1년에 5개월은 복용했다고 볼 수 있습니다. 1년은 12개월이니 5개월이면 절반 이상은 약을 안 먹은 거 아니냐고요? 아닙니다. 그것은 약을 복용하는 사람들의 실상을 진정 잘 모르는 거예요. 실제로는 본인이 본인 것이 아닌 처방을 받는 경우도 있기 때문입니다.

얼핏 처방받는 모습을 보면 전혀 그렇지 않게 보이기도 합니다. 분명 식욕억제제를 처방받으러 여러 사람이 동시에 병원에 들어갔고 처방 약도 따로 받아요. 향정신성 의약품이라서 본인이 아니면 처방도, 약도 받을 수 없으니까요. 하지만 결국 한 사람이 약을 다 가져갑니다. 엄마가 딸과 같이 병원에 와서, 친구가 친구와 같이 와서 필요한 사람에게 약을 몰아주는 거예요. 이 약이 얼마나 무서운지 안다면 이런 도움(?)을 줄까요? 아닐 거예요. 그래서 마약류에 대한 교육이 정말 중요한 것이랍니다.

심지어 본인이 아닌데도 병원에서 처방하는 예도 있고, 위조된 처방전이나 가짜 처방전으로 약국에서 약을 구입해 사법 당국에 적발되기도 한 일도 있습니다. 앞의 마약 중독자 인터뷰를 다시 한번 보지요. 그는 필로폰 투약 사실이 적발되어 몇 달간 징역살이 후 이번에는 디에타민으로 눈길을 돌렸습니다.

"병원 가서 말만 잘하면 돼요. 저는 '살을 빼려는 게 아니라, 스트레스받으면 폭식하니 식욕을 억제하려 하는데 푸링은 안 듣더라'라고 말하면 100% 다 처방해줬어요."

통상 1회에 한 달 분량인 30알을 받을 수 있는데, 며칠 만에 소진해도 큰 문제가 없었습니다. 종전 처방 기록을 확인하지 않는 병원이 부지기수였고, '잃어버렸다'라고 둘러댄다거나 동생의 이름·주민등록번호를 사용해 중복해서 처방받기도 했습니다. 그는 이렇게도 말했습니다.

"알코올 중독이 무서운 것은 술을 어디에서든 쉽게 살 수 있기 때문인데, 디에타민도 마찬가지입니다. 마음만 먹으면 아무 때나, 아무 곳에서나 구할 수 있는 게 현실이에요."

앞선 통계에서 식욕억제제를 1인당 1년에 161정을 복용했다고 하지만, 실제로는 훨씬 많은 양을 복용했을 가능성이 큽니다. 한 약국에서 들은 이야기입니다. 식욕억제제 복용 환자 중에 굉장히 마른 체형의 환자가 있었다고 해요. 약사가 이 환자에게 약을 주면서 식욕억제제를 복용하면서 주의해야 할 사항 등을 다 말해줬는데, 환자는 한숨을 쉬며 이미 다 알고 있다고 했답니다. 그런데 약을 중단하면 무기력하고 의욕이 상실되며 너무 몸이 힘들어서 견딜 수가 없다, 그 때문에 약을 계속 먹을 수밖에 없다고 하소연했다고 해요. 이 사람은 이미 약물에 중독되어 의존성이 생긴 경우라고 볼 수 있겠습니다. 마치 알코올 중독자처럼 말이죠. 결국 체중 감량을 하기 위해 약을 먹었다가 약의 수렁에서 빠져나오지 못하는 사람이 되어버렸습니다. 합법적으로 중독성 약물을 처방받았는데, 나도 모르게 약물 중독자가 되어버린 슬픈 현실입니다.

안전하게 사용하는 방법은 무엇일까요?

분명 식욕억제제가 꼭 필요한 사람은 있습니다. 식사, 운동 및 행동수정 등 체중 감량 요법으로 감량되지 않는 '체질량지수(BMI)가 30㎏/㎡ 이상' 또는 '고혈압, 당뇨병 등 다른 위험 인자가 있는 BMI 27㎏/㎡ 이상'인 비만 환자에게 칼로리 제한을 기본으로 하는 체중 감량의 보조요법으로만 사용해야 합니다.

일단 운동, 식이 요법 등이 우선이라는 뜻이고, 위험인자가 있는 사람이라도 키가 160cm라면 70kg은 넘어야 한다는 것입니다. 거기에 심혈관계 질환, 갑상선 질환자, 16세 미만, 흥분증이나 불안증이 있는 사람, 약물 남용 병력이 있는 사람 등 약을 복용하면 안 되는 경우도 많아요. 이런 경우를 다 제외하고도 꼭 필요한 사람은 4주 이내 요법을 사용합니다. 식품의약품안전처에서는 '4주 이상의 복용이 가능하지만 심각한 심장병, 의존성, 불안, 초조, 불면, 흥분 상태, 조현병(정신분열증)과 유사한 정신이상증 등의 부작용이 나타날 수 있으며, 3개월

이상의 식욕억제제 투여는 폐동맥 고혈압의 위험을 23배 증가시킬 수 있다'라고 경고하고 있어요. 아무리 길어도 약의 복용 기간은 최장 3개월까지로 반드시 제한해야 합니다. 여기에 속하는 사람이 얼마나 될까요?

만약 펜터민을 복용한다면 복용량을 정확히 지켜야 합니다. 식욕억제 효과를 높이고, 흥분 효과를 기대하기 위해 과량을 복용하게 되면 불안, 환각, 공격성 성향, 공포로 인한 불안, 혼란 등 정신질환이 발생할 가능성이 커지며, 심하면 경련, 사망에 이를 수도 있다는 것을 꼭 기억해야 합니다.

약을 오랫동안 복용했다면 갑자기 끊는 것도 매우 위험합니다. 극도의 피로, 우울증, 불면, 정신이상 등 금단증상이 나타날 수 있기 때문이에요. 만약 약을 중단하려고 할 때는 중독성 약물 전문가의 도움을 받아 정신적, 신체적 문제를 최소화해야 합니다. 약물 중독은 치료 영역인 것을 반드시 기억해주세요.

원칙을 지켜야 합니다!

펜터민과 같은 식욕억제제에 대한 무분별한 사용을 우려하는 의사들도 많이 있고, 제도적으로도 향정신성 의약품은 철저하게 관리되고 있기도 합니다. 그런데도 잘못된 처방이 끊이지 않는 이유는 무엇일까요? 이것은 체중에 대한 삐뚤어진 사회적 인식과 자본주의 논리 때문 아니겠습니까? 잘못된 사회적 인식으로 과도한 체중 감량을 위한 약물을 찾으면 병원에서는 처방해주고, 약국에서는 약을 투약하는 악순환의 고리가 이어져 있기 때문일 것입니다. 또 약물의 특성상 중독성 약물을 찾는 이들 또한 이 고리 안으로 편승해 들어와 약물을 탐닉하고 있기도 합니다. 파생된 독버섯은 인터넷까지 침투해 불법 인식이 실조된 체 젊은이들과 청소년까지 무분별하게 노리고 있습니다.

결국 원칙을 지키는 것이 무엇보다 중요합니다. 의사는 환자가 아무리 요구한다고 하더라도 철저한 본인 확인과 처방 기준, 처방 일자를 엄격하게 지켜 처방전을 발행해야 합니다. 약국 또한 본인 확인을 철저히 하고 처방 일자가 허용일을 넘긴 경우, 병원에 확인하는 절차 등을 통해 약물이 과잉 투약되지 않도록 해야 하죠. 현재 처방전에 발행되는 향정신성 의약품 사용은 약국에서만 보고하게 되어 있습니다. 하지만 이렇게 되면 위조된 처방전의 경우 확인할 방법이 없어요. 이 때문에 오남용이 우려되는 품목에 한해서는 의사는 처방량을, 약사는 조제량을 동시에 보고할 수 있게 해서 교차 감시가 가능하도록 제도를 개선할 필요가 있겠습니다.

그리고 일반 대중의 인식 개선도 매우 중요하다고 생각합니다. 체중에 대한 잘못된 사회적 인식을 바로잡고, 약물의 위험성을 반드시 인지할 필요가 있습니다. 특히 중독성 약물의 경우 한번 빠지면 치료가 매우 어려운 만큼 꼭 필요한 경우가 아니라면 약에 의존해서 체중을 줄이려는 시도는 정말 최후의 수단이 되어야 한다는 것을 명심해야 합니다. 특히 청소년의 의식 개선을 위해 초, 중, 고, 대학생들의 오남용 약물에 대한 교육도 더욱 강화될 필요가 있다고 생각됩니다. 약물 중독 악의 순환고리는 환자뿐 아니라 관계 당국, 의사, 약사 그리고 약을 만들고 판매하는 제약회사까지, 우리 사회가 모두 함께 노력하지 않는다면 깨기 어려울 수 있어요.

수면제,
함부로 먹으면 위험합니다!

약에 의존해서 잠을 청하는 사람들

대한민국에 잠 못 드는 사람이 얼마나 많을까요? 2021년 심사평가원 자료에 의하면 수면장애로 진료받은 사람은 약 67만 명이나 되고, 갈수록 빠른 속도로 늘어나고 있다고 합니다.

수면장애를 앓는 이유는 스트레스, 노령화, 알코올 중독 등 물질 남용, 환경적 변화 등 매우 다양한데요. 잠을 이루지 못하는 만큼 수면제 처방 역시 갈수록 늘고 있는 것이죠. 수면제의 대표 약물인 졸피뎀만을 예로 들어보면, 2018년에서 2019년까지 1년간 1억 3,800만 개, 처방받은 환자 수는 176만 명이라고 해요. 졸피뎀 소비량도 세계 6, 7위 수준 정도라고 하니 얼마나 많은 사람이 수면제를 복용하고 있는지 알 수 있습니다.

잠 못 드는 사회

수면제에 대한 사람들의 거부감도 많이 줄어든 것 같아요. 환자들이 예전에는 병원에서 수면제를 처방받으면 어떻게든 안 먹으려고 애를 썼는데요. 최근에는 조금만 잠이 안 오면 수면제를 복용하려고 의사에게 처방을 요청하는 사람도 있더라고요. 물론 치료 용도로 수면제를 사용하는 경우도 있겠지만, 너무 쉽게 수면제 복용을 생각하는 것 같은 느낌을 약국 현장에서 받을 때가 많이 있답니다.

수면장애는 주로 연령이 늘어날수록 증가하는 경향을 보이지만, 단순히 어른에게만 문제 있는 것은 아닙니다. 14세 미만 아이들의 수면장애 치료 환자가 기분장애나 ADHD보다 적기는 하지만, 지속적으로 늘고 있다는 것은 분명 문제지요. 증가율은 오히려 ADHD보다 높은 수준입니다. 아이들이 잠을 잘 자지 못한다고 해서 병원 진료를 받지는 않기 때문에, 실제로는 더 많은 청소년이 수면 때문에 고통받고 있다고 봐야 합니다. '오죽하면 병원에 갔을까?' 이렇게 생각해줘야 한다는 거죠.

효과가 좋다고 다른 사람에게 주거나 팔면 마약 사범이 됩니다

잠을 못 자는 것은 정말 괴로운 일입니다.

수면 중에 우리 뇌는 여러 가지 기억을 정리하고, 새로운 기억이 들어올 수 있도록 자리를 마련해요. 그뿐만 아니라 성장호르몬의 분비로 성장과 고장 난 몸의 여러 조직을 회복하는 데도 중요한 역할을 하게 됩니다. 잠을 제대로 자지 못한다면 신체적 손상뿐 아니라 우울증 등 정신적 손상도 입을 수 있어서 만약 수면장애가 있다면 전문가의 지시에 따라 제대로 치료를 받아야 해요.

잠이 안 올 때 사용하는 약물이 바로 수면 진정제인데, 수면 진정제로 사용되는 약물들이 향정신성 의약품입니다. 이 약물들 또한 중독성 약물이자 마약류에 속하지요. 이것을 모르는 사람들이 생각보다 많이 있어요. 특히 어르신들은 본인이 복용하고 효과가 좋았다면, 다른 사람에게 권하는 경우가 많이 있거든요. 이것도 법적으로 처벌받을 수 있습니다. 당연히 인터넷을 통해 사고파는 것도 안 되겠죠! 마약류는 본인이 직접 처방받은 약이 아닌 다른 사람의 약을 유통, 보관, 판매, 복용 등을 하게 된다면 마약 사범으로 처벌받을 수 있다는 것을 명심해야 합니다.

수면제에 의존하게 되는 이유

그러면 사람들은 왜 수면제에 의존하게 되는 것일까요? 그것은 억제성 뇌신경 가바 수용체에 비밀이 있습니다. 우리 뇌는 뇌를 자극하는 흥분성 신경과 과도한 흥분을 줄여주는 억제성 신경이 존재하는데요. 수면제로 가장 많이 사용되는 약물은 벤조디아제핀류인데, 이 약물은 가바 수용체에 작용해서 뇌신경 전기 자극을 줄여서 뇌가 흥분하지 않도록 만들어줍니다. 뇌가 흥분하지 않게 되면서 신경이 예민한 것을 줄여서 마음을 편하게 해주며 잠을 잘 수 있도록 도와주게 되는 거예요. 수면 진정제를 사용하면 신체적 의존성보다는 정신적 의존성이 생기게 되는 것입니다.

그리고 또 다른 이유도 있습니다. 바로 도파민 분비도 늘어난다는 것입니다. 도파민은 보통 흥분성 약물을 복용할 때 증가하는데요. 억제성 약물인 수면 진정제가 어떻게 도파민을 늘릴 수 있을까요? 그것은 가바 수용체가 단일 구조가 아닌 복합 구조로 되어 있다는 데 이유가 있습니다. 즉, 수면제가 가바 수용체 일부에 작용해서 수면, 진정 효과를 발휘하지만, 상대적으로 복측 분절 영역(VTA) 도파민 신경에 작용해서 도파민 분비를 촉진하게 되는 것이죠. 물론 흥분성 중독 약물보다 그 반응이 강하지 않지만 그래도 도취감이나 흥분, 쾌락을 유발해 중독에 이를 수 있게 만들 수 있기에는 충분합니다. 수면 진정제를 전문의 진단 없이 남용하면 결국 약물의 굴레에서 벗어날 수 없게 되어버릴 수 있다는 것. 중독성 약물의 무서움이죠.

졸피뎀의 가장 큰 문제는 내성과 단기 기억 상실

졸피뎀은 여러 매체에서 많이 들어본 약 성분일 것입니다. 약물에 관심 있는 분들이라면 졸피뎀은 몰라도 '스틸녹스' 정도는 들어보셨을 텐데요. 이 약물은 수면제로 가장 많이 처방되고 있습니다.

졸피뎀 역시 벤조디아제핀류로 가바 수용체에 작용해 수면 효과를 내는 약물입니다. 수면 유도 효과가 매우 빠르고 아침에 일어났을 때 숙취 현상(잠이 덜 깨고 어지러운 현상)이 덜하므로 많은 불면증 환자에게 처방되고 있어요. 하지만 졸피뎀의 큰 문제가 있는데, 바로 내성이 쉽게 생긴다는 것입니다. 내성은 처음 약물 양보다 더 많은 양을 복용해야 효과가 나타나는 것을 말하죠. 처음에 잠이 좀 잘 안 와서 약을 복용하기 시작하지만, 결국 약 없이는 잠을 잘 수 없는 강한 의존성이 생기는 것입니다. 그뿐만 아니라 졸피뎀을 복용하고 난 뒤 단기 기억이 없어지는 증상은 정말 심각할 정도입니다.

다음은 대한약사회 환자안전약물관리본부 지역의약품안전센터에 보고된 이상 사례 중 일부 사례에 관한 내용입니다. 같이 살펴보시죠.

50~60대 여성이 잠들기 힘들고(입면장애) 수면 유지 또한 어려워 졸피뎀을 처방받았다. 환자는 새벽 4시경 약물을 복용하고 잠이 들었고, 아침에 일어나 평소처럼 생활했는데 이후 자기 행동을 기억하지 못했다. 환자는 이날 오전, 보이스피싱 전화를 받고 금전적인 피해를 입었는데 통화 중 매우 평온한 상태였으므로 이를 지켜보던 배우자는 출근한 자녀와 통화하는 것으로 생각해서 관여하지 않았다고 한다. 이후 자녀가 집에 돌아온 후 자녀에게 통화 내용을 물어보니 통화한 적이 없다고 했으며, 이에 놀란 배우자가 환자에게 누구와 통화했는지 물어보니 기억하지 못했다. 환자의 가족들은 보이스피싱을 의심해 신고했으나 이미 수차례 소액결제를 통해 큰 금액의 손실이 발생한 상황. 환자는 약물 복용을 중단했고 이후 이러한 증상은 나타나지 않았다. 즉, 약에 의해 기억과 판단이 소실되었다고 볼 수 있었다.

59세 남자로 내원 일주일 전 갑자기 발생했던, 하루 종일 일어났던 일이 기억나지 않은 증상을 호소했다. 증상 발생 2일 전 환자는 개인 의원에서 불면증으로 졸피뎀 10mg을 처방받아 복용했다. 당시 환자는 졸피뎀을 복용하고 수면 후 아침에 일어나 업무로 대전으로 내려갔던 것까지만 어렴풋이 기억하고, 대전을 내려가서 수행한 업무나 행동을 전혀 기억하지 못했다. 환자의 상태를 관찰한 회사의 동료는 기억을 잃은 당시 환자는 당일의 여러 활동을 수행했는데, 약간 반응 속도가 느리고, 반복적으로 업무를 물어보며, 잘 이해하지 못했다고 말했다. 그러한 시간은 대략 8시간 정도로, 환자는 저녁 식사 후부터는 비교적 생생하게 일어난 일을 기억한다고 말했다. 여러 검사에서 뇌에는 전혀 이상이 없는 것으로 나타나 졸피뎀을 복용한 뒤 발생한 기억 상실인 것을 알 수 있었다.

그뿐만 아니라 저녁에 졸피뎀을 먹고 아침에 운전한 뒤 사고를 냈다거나, 잠이 들지 않은 상태에서 폭식증이 생겨서 냉장고에 있는 비조리 식품까지 먹어 치운다거나, 거리를 활보하고 다닌다거나, 베란다에서 뛰어내리는 등 몽유병 증상을 나타내기도 합니다. 이런 증상은 복용량이 많을수록 강하게 나타나는 경향을 보이는데, 졸피뎀이 내성이 생기는 경향이 있는 만큼 잠잘 때 약물에 의존하게 된다면 지속적으로 용량이 높아질 수 있고, 부작용도 그만큼 심해질 수 있을 거예요.

졸피뎀, 범죄에 악용되기도 하는 약

졸피뎀은 개인적으로 불면을 개선하기 위해 사용되는 것 말고 범죄에 사용되는 일도 있습니다.

2016년 <연합뉴스> 기사 "성범죄에 가장 많이 악용된 약물은 '졸피뎀'" 2016년 2월 28일자를 보면, '성범죄에 가장 많이 사용된 약물'이 '졸피뎀'이라며 실제 사례를 실어 놓았어요.

30대 최모 씨는 전 직장동료인 A씨(25·여)와 술을 마시다 알약 한 정을 비타민으로 속여 먹게 했다. A씨는 곧 정신을 잃었다. 최 씨는 A씨를 자신의 집으로 끌고 가 성폭행하고 신체를 몰래 촬영했다. 최 씨는 경찰에 붙잡혔고 1심에서 징역 3년을 선고받았다.

40대 카페 업주 손모 씨는 여종업원에게 수면유도제를 먹여 정신을 잃게 한 뒤 성폭행했다. 손 씨의 악행은 무려 16명에게 41차례나 반복되었다. 피해 여성 상당수는 대학생과 사회 초년생들이었다. 손 씨는 징역 12년을 선고받았다.

두 사건에서 공통으로 사용된 약물이 바로 '졸피뎀'입니다.

졸피뎀 자체가 색이 없고 알약 크기가 매우 작아서 가루로 만들어 음료 등에 녹이면 거의 알 수 없는 경우가 많습니다. 졸피뎀은 작용 시간이 30분 이내며, 지속시간이 6~8시간 정도 됩니다. 특히 알코올과 병용하면 그 진정 효과가 더욱 강해지기 때문에 술자리 등에 정신을 잃게 해서 범죄를 저지르는 목적으로도 사용되기도 하는 거예요. 이 때문에 모르는 사람이 주는 음료를 마신다거나, 술자리나 식당, 카페 등에서 자리를 비우고 돌아온 뒤 남아 있는 음료나 술을 절대 마시지 않도록 해야 합니다.

졸피뎀 등 수면 진정제를 무조건 피하는 게 답일까요?

 향정신성 의약품은 그 위험도에 따라 '가~라목'으로 분류되어 있습니다(단, 혼합성분의 경우 '마목'으로 분류). 사실 졸피뎀과 같은 벤조디아제팜류는 향정신성 의약품 분류 '라'목에 들어갑니다. '라'목은 오남용 우려가 보다 적고 의료용으로 사용하며, 좀 더 신체적, 정신적 의존성을 일으킬 우려가 적은 약물에 속하죠. 하지만 우려가 적다고 해서 남용이나 오용되지 않는 것은 아니랍니다. 이렇게 오해할 수 있어서 저는 '우려가 적다'라는 표현이 참으로 마음에 들지 않습니다. 우려가 적으나 크나 향정신성 의약품은 중추신경에 작용하는 기전이 있어서 당연히 안전한 약물은 절대 아니라는 것이죠.

 앞서 살펴본 것처럼 졸피뎀 역시 오남용 시 중대한 부작용이 나타날 수 있고 일부 중독성도 우려되며, 타인을 무력화시키는 범죄에 사용될 수 있어서 철저한 관리가 필요한 약물이라고 볼 수 있습니다. 의료기관에서는 더욱 철저한 환자 확인과 함께 과잉 중복 구매하지 않도록 투약 관리를 잘해줘야 할 것입니다. 환자도 항상 의사의 정확한 진단과 약사의 복약지도에 충실히 따라서 적확하게 약물을 사용하며 임의 판단으로 복용하지 않도록 주의할 필요가 있겠죠. 향정신성 의약품은 잘 쓰면 약이요, 잘못 쓰면 진짜 독이 되어버린다는 것을 반드시 명심해야 합니다.

연예인들은 왜
프로포폴에 빠질까요?

내시경 받으면 잠을 푹 잔 것 같다고? 나는 잘 모르겠던데…

아마 가장 유명한 수면 진정제 약물을 말하라고 하면, 졸피뎀과 프로포폴일 것입니다. 졸피뎀은 앞서 알아봤으니, 이번에는 프로포폴에 대해서 알아볼게요. 프로포폴 하면 가장 먼저 떠오르는 것이 수면 내시경일 텐데, 일반인들은 그때 말고는 거의 접할 일이 없기 때문입니다. 맞습니다, 프로포폴은 수면 내시경 등을 받을 때 초단기 마취제로 사용하게 됩니다. 필자도 수면 내시경을 받을 때마다 '이번에는 절대로 잠들지 말아야지'라고 매번 다짐하지만 지켜본 적이 없어요. 의사가 "약이 들어갑니다"라고 말하는 순간, 정말 순식간에 잠이 들어버리거든요. 자고 눈을 떠보면 벌써 내시경이 끝나 있죠. 그런데 저는 시술 후 특별히 개운한 느낌을 받아본 적은 없어요. 그렇지만 지인 중 일부는 잠깐이지만, 뭔가 푹 잔 느낌이 난다며 기분이 좋았다고 말하더라고요. 프로포폴도 모두에게 똑같은 반응이 나타나는 것은 아닌 듯합니다.

(김빠지는 이야기 하나 하자면, 수면 내시경에 사용되는 모든 수면 마취제가 프로포폴은 아닙니다. 단시간 수면 진정제로 '미다졸람' 역시 많이 사용됩니다. 여러분이 프로포폴이라고 생각한 수면제는 사실 미다졸람일 가능성이 더 높아요. 그래도 효과 면에서는 큰 차이가 있지 않으니 너무 서운하게 생각하지는 말자고요.)

프로포폴이 유명해진 이유는?

프로포폴은 색이 우유하고 같아서 '우유 주사'로 불립니다. 다른 주사제와 달리 프로포폴은 대두유에 녹여 정맥에 주사하는데, 이는 약물이 물에 잘 녹지 않기 때문이랍니다. 사실 프로포폴이 사람들에게 많이 알려졌던 것은 아니에요. 프로포폴은 2009년 마이클 잭슨(Michael Jackson)의 사망 원인으로 알려지면서 세간에 주목받기 시작했죠. 마이클 잭슨의 사망 원인은 바로 프로포폴 과다 투여로 인해 심정지가 된 것이었거든요. 국내에서도 유명 탤런트들이 상습적으로 투약해서 처벌받았다는 소식이 가끔 보도되었고, 최근에는 영화배우 C씨가 프로포폴 상습 투약 혐의로 처벌을 받기도 했어요. 앞서 언급했던 B씨 또한 마약류 상습 투약 혐의로 수사를 받았는데, 가장 먼저 밝혀진 것이 바로 프로포폴 상습 투약이었죠. 과연 프로포폴의 어떤 점이 이렇게 많은 사람을 죽음으로 몰아가고, 중독자의 삶으로 떨어뜨려버린 것일까요?

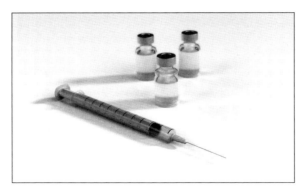

우유 주사 프로포폴

프로포폴을 맞으면 마음이 편해지고 기분이 좋아진다고?

프로포폴은 졸피뎀과 같이 뇌에 진정 효과를 주는 가바 수용체에 작용합니다. 이런 효과로 깊은 잠을 잔 것 같은 느낌을 주지요. 그뿐만 아니라 작용 시간이 짧아서 자고 일어난 뒤 어지럼증 등이 덜하고, 구토 등의 부작용이 적기 때문에 편한 느낌을 받을 수 있어요. 마취에서 깬 뒤 흔하게 나타나는 두통도 거의 없죠. 도파민에 의한 쾌락 효과는 높지 않다고 알려졌지만, 그렇다고 아예 없다고 말할 수는 없어요. 프로포폴도 다른 벤조디아제핀류와 같이 가바 수용체 일부에 작용하지만, 상대적으로 복측 분절 영역(VTA) 도파민 신경에 작용해서 도파민 분비를 촉진하기 때문입니다. 프로포폴을 사용하고 난 뒤 피로가 개선된 느낌, 개운한 느낌, 기운이 좀 생긴 느낌 등을 받는 것은 진정 효과와 함께 도파민 분비 영향을 받은 것이라고 말할 수 있습니다. 문제는 여기서 나타납니다. 프로포폴을 맞으려고 하는 사람들은 대부분 스트레스나 불안, 생활 리듬이 불규칙한 경우가 많은데, 프로포폴로 안정감과 개운함을 느끼게 되면 자꾸 반복적으로 사용하고 싶어지는 거예요. 그 때문에 프로포폴은 육체적 의존성은 그리 높지 않은 대신, 정신적 의존성이 매우 강한 약물이라고 볼 수 있겠습니다.

프로포폴, 한번 빠지면 집안 기둥 다 뽑힌다고?

이러한 정신적 의존성은 매우 강한 편이어서, 일부 연예인이나 유흥업소 종사자의 경우 프로포폴에 중독이 되어 하루 몇 차례씩 맞는 예도 있다고 합니다. 그뿐만 아니라 필요 없는 피부 미용 시술이나 내시경을 반복적으로 행하는 일도 있다고 해요. 미용 시술을 왜 받냐고요? 통증이 심한 미용 시술은 마취제로 프로포폴을 사용하기 때문이죠. 즉, 아름다워질 목적으로 피부 미용을 받는 것이 아니라 프로포폴을 맞기 위해 시술을 받는다는 것인데, 주객이 전도되어도 한참 전도된 것 아닌가요? 나쁜 상술은 사람들의 약점을 파고든다고 했던가요? 이런 점을 악용해서 영업하는 일부 양심 없는 병원들도 있다고 합니다.

2023년 3월 19일 <서울경제>에 보도된 "유아인 중독 알면서도 처방…병원들 '베드 비어요' 프로포폴 영업" 내용을 보겠습니다. 최진묵 인천다르크 마약류중독재활센터장의 이야기입니다.

"피부과나 성형외과 상담실장들이 아침에 중독된 친구들에게 '우리 오늘 베드 비어요' 하는 문자 메시지를 쫙 보냅니다. 그들은 베드를 차지하기 위해서 실장에게 음료수와 명품백을 사다주기도 합니다. 그래서 베드를 차지하면 병원 문을 열 때부터 닫을 때까지 프로포폴을 투여받는다고 합니다. '500만 원짜리 시술하세요', '1,000만 원짜리 시술하세요'와 같은 식으로 병원에서 장사하는 것이지요."

어떤 사람들은 프로포폴에 중독되면 집안 기둥뿌리까지 다 뽑힌다고 말하는데, 당연한 이야기겠지만 약물 중독의 무서움을 알 수 있는 부분입니다. 병원에서 의사의 처방에 따라 맞는 것인데 무엇이 문제냐고 묻는다면, 의술이 상술로 바뀌는 순간 환자는 하나의 돈벌이 수단 그 이상, 이하도 아니게 됩니다. 그만큼 합법을 가장한 불법은 환자를 생각하지 않는다는 것이죠. 약물 중독은 환자 스스로가 주의할 수밖에 없습니다.

참고로 프로포폴과 같은 수면 진정제는 내성이 생깁니다. 갈수록 용량을 올려 사용해야 처음 느낌이 들 수 있다는 것입니다. 프로포폴이 아무리 부작용이 덜하다고 하더라도 남용하면 무호흡증을 일으킬 수 있어서 매우 위험합니다. 일정 연령이 넘으면 수면 내시경을 해주지 않는데, 그 이유가 바로 무호흡증으로 인해 자칫 생명이 위험해질 수 있기 때문입니다. 그래서 고연령대에는 수면 내시경도 못 한다네요. 미리 연습을 해둬야 할까요? 너무 괴로운데 말이죠.

마약류는 편리함보다는 안전에 가장 우선을 둬야 합니다

프로포폴은 현재 마약류 중에서도 중점 관리 대상 향정신성 의약품입니다. 중점 관리 대상 향정신성 의약품은 '마약류 과다 처방, 불법 유출 등 국내 마약류 오남용이 지속 발생함에 따라 국민보건상 위해 발생 우려가 있어 집중적인 관리가 필요한' 품목에 한해서 식약처장이 공고한 것으로, '프로포폴'을 주성분으로 하는 향정신성 의약품(23품목)과 의료용 마약이 지정되어 있어요.

하지만 프로포폴이 개발 처음부터 마약류로 지정되어 관리되어온 것은 아니랍니다. 식품의약품안전처에서는 2011년에 프로포폴을 마약류로 지정했는데, 그전까지는 중독성이 강하지 않았다고 판단해 전문의약품으로만 분류되어 있었어요. 그렇지만 2000년대부터 프로포폴의 의존성이 문제가 되기 시작했어요. 식품의약품안전처에서는 의사들을 포함한 공청회 등을 통해 다양한 의견을 수렴하는 작업을 진행하면서 자체 실험을 통해 유해성을 판단하고자 했습니다.

2008년부터 동물시험을 실시한 국립독성과학원에서 의존성 평가 연구를 벌인 결과, 신체적 의존성은 없으나 정신적 의존성을 유발하는 것으로 나타났으며, 환자들의 오남용 실태를 고려해서 10여 년이 지난 후 향정신성 의약품으로 지정 관리하게 된 것입니다.

처음에는 수없이 많은 의사의 반대에 직면했지만, 현재 모습을 보면 그 판단은 매우 적절했다고 생각됩니다. 오히려 더 일찍 지정하지 않은 것이 문제였죠. 물론 향정신성 의약품으로 지정하면, 사용과 관리 면에서 매우 불편함이 발생할 수밖에 없습니다. 하지만 그런 불편함은 약물 중독으로 인해 발생하는 사회적 손실에 비하면 작은 것입니다. 중추신경에 작용해서 중독, 남용을 일으킬 수 있는 약물들은 편리함보다는 더 까다로운 절차를 통해 사용에 제한을 둬야 한다고 생각해요. 즉, 자유롭게 사용하지 못해야 합니다. 프로포폴은 오남용되기 쉬운 만큼 치료 목적을 제외하고는 철저하게 투약을 제한해야 합니다. 좀 더 강한 넛지(Nudge)가 필요한 이유입니다.

집중력을 높이려고
약을 먹는다고요?

벌써 많은 사람이 알고 있는 공부 잘하는 약

저는 어렸을 때 이런 생각을 했습니다.

공부는 하기 싫고, 그냥 눈으로 한 번 쭉 읽으면 머릿속에 내용이 다 저장되는 상상. 그럼 반복해서 같은 내용을 볼 필요가 없을 텐데 말이죠. 하지만 수십 년이 지나도 그런 상상은 현실이 되지 못했어요. 뭐, 영화에서 나오는 것처럼 웨어러블 기기만 몸에 착용하고 있어도 인터넷에 많은 자료를 생각하는 것만으로도 금방 알아낼 수 있게 될지도 모르겠지만. 어쨌든 내 머릿속에 들어 있는 것은 아니니 시험을 보는 상황이거나 인터넷이 연결되지 않으면 무용지물일 수밖에 없겠죠?

이런 생각은 저만 갖고 있는 것은 아닌가 봐요. 입시 등을 준비하는 많은 사람이 소위 머리가 똑똑해지는 약을 찾는 것을 보면 말이죠. 한 방에서도 '총명탕'이라고 해서 하룻밤 사이 천자문을 다 외우게 해준 다는 약이 있을 정도니, 집중해서 공부 잘되게 하는 약의 니즈는 하루 아침에 생긴 것은 아닐 것 같기도 합니다.

많은 수험생이 비타민B군 제제는 기본으로 복용하고, 글루타민이나 레시친, 콜린 등이 포함된 영양제를 복용하며 공진단, 경옥고 등 많은 자양강장제를 복용하는 것 또한 지친 체력을 보충하고 기억력을 조금 이라도 올리기 위한 노력 아니겠어요? 이런 수험생이 먹는 영양제 조 합을 '대치동 영양제' 또는 '대치동 비타민'이라고 부르기도 하는데요. 제약회사는 이런 용어를 마케팅적 요소로 사용하고 있기도 합니다.

그런데 진짜 공부를 잘하게 하는 '약'이 있다는 소문을 들어보셨나 요? 그리고 일부 학생들이 그 약을 복용하고 있다는 사실을 알고 계

공부를 잘하게 할 수 있을까?

셨나요? 비타민 같은 영양제가 아니라 진짜 치료제인 약 말이에요.

제가 그리도 원했던 약이, 저도 모르는 사이 나온 것일까요?

공부 잘하는 약이 어떻길래?

공부 잘하게 만들어주는 약이라고 알려진 것은 바로 '리탈린', '콘서타 오로스 서방정(이하 콘서타)' 등입니다. 리탈린과 콘서타는 메틸페니데이트 성분으로 중추 흥분제며, 주의력결핍 과잉행동장애(ADHD) 치료제로 사용되는 약이에요.

중추를 흥분시키는 약이 어떻게 공부를 잘하게 만들어주는 것일까요? 그것은 ADHD가 생기는 원인과 약물 치료제의 기전을 알면 쉽게 이해가 될 수 있습니다. ADHD는 유전이나 약물 등 다양한 원인에 의해 발생하는 것으로 알려져 있는데, 결과적으로는 신경전달물질의 불균형으로 촉발된다고 합니다. 즉 뇌신경전달물질 중 흥분작용을 하는 노르에피네프린이나 도파민 등이 부족해지는 게 중요한 이유가 되는 것이죠.

노르에피네프린은 각성과 흥분을 일으키는 신경전달물질이며, 도파민은 보상이나 쾌락에 작용하는 신경전달물질입니다. 이들 신경전달물질이 부족해진다면 만사에 의욕이 없고, 하나에 집중하지 못하게 돼요. 재미없는 영화를 보고 있거나 명절에 듣기 싫은 훈계를 듣는다거나, 흥미가 없는 일을 하고 있을 때 우리가 어떤 모습을 하고 있는지 생각해봅시다. 아마도 몸이 근질거려서 한시도 가만있지 못할 거예요. 그게 바로 ADHD 상태랍니다.

만약 메틸페니데이트를 사용하면 흥미 없는 것이 흥미 있게 된답니다. 뭐라고요? 그게 가능하다고요? 그러니까 메틸페니데이트는 뇌의 정신적인 부분에 관여하는 '향정신성 의약품'이며, 마약류에 속한다는 거예요. 공부가, 업무가 나를 자극해서, 내가 재미있어서 신경 흥분 전달물질을 분비하게 하는 것이 아니라, 약으로 강제로 분비시켜버리는 것입니다. 인터넷에서 실제 복용 사례들을 살펴보면, 메틸페니데이트를 복용하니 집중력이 좋아져서 한 시간이 확 지나갔다는 등의 내용을 쉽게 찾아볼 수 있어요.

정리하면, 메틸페니데이트를 복용하면 말 그대로 강제 흥미 유발 상태가 된다는 것입니다. 공부하기 싫어 죽겠는 아이에게 이거보다 더 좋은 게 있을까요? 그럼 리탈린, 콘서타는 공부를 싫어하는 학생들이 꼭 먹어야 하는 약이란 말인가요?

그렇게 효과가 좋다는데 무엇이 문제일까요?

당연히 아닙니다!

약으로 강제 활성화된 흥분 뇌신경전달물질은 분명 문제를 일으키기 때문입니다. 자연스럽게 분비된 뇌신경전달물질은 그 농도가 높지 않고, 분비 지속 시간이 길지 않아서 큰 문제가 되지 않습니다. 그래서 우리가 즐거운 놀이 등으로 자연스러운 몰입에 빠진다고 해서 뇌 손상이 온다고 말하지는 않는 것입니다. 하지만 약물에 의해 강제로 흥분되는 경우는 사정이 다릅니다. 지속적으로 약물을 복용함으로 인해서 분비되는 신경 자극이 지속되고, 뇌신경 세포는 이에 적응해서 더 많은 약물을 요구하게 됩니다. 결국 많은 자극으로 뇌세포의 손상이 발생할 수 있어요. 그뿐만 아니라 자극성 약물은 심장 박동을 촉진하는 등 심혈관계에 문제를 일으킬 수 있지요. 특히 심장에 문제가 있는 경우 더 강한 심독성이 유발될 수 있고, 돌연사의 위험성도 있다고 명시되어 있습니다. 그 외에도 강력한 흥분작용으로 인해 발생하는 신체적 손상을 무시할 수 없어요.

공부 잘하는 약을 자녀에게 주는 부모님들은 과연 메틸페니데이트 약 설명서에 실려 있는 수많은 경고 문구를 읽어 봤을까요?

그리고 중요한 다른 문제가 있습니다. 바로 정신적 의존성이 발생할 수 있다는 것입니다. 메틸페니데이트를 투약하면 흥분감과 행복감이 생깁니다. 앞서 말씀드렸던 것처럼 약물이 뇌신경전달물질에 작용하기 때문이죠. 본래 뇌전달물질이 부족해서 ADHD가 생긴 환자라면 문제가 없겠지만, 정상인의 경우 과도한 흥분작용으로 인해 마치 마약을 복용한 것과 같은 변화를 느낄 수 있습니다. 집중과 상관없이 쾌락적 욕구로 메틸페니데이트를 사용할 수도 있다는 이야기입니다. 마약류 관리에 관한 법률 향정신성 의약품 분류를 살펴보면, 메틸페니데이트는 '나. 오남용 우려가 심하고 제한적 의료용으로 쓰이며 심한 신체적 또는 정신적 의존성을 일으키는 약물'에 속해 있어요. 각성제로 유명한 '메스암페타민(필로폰)'과 같은 범주에 들어 있다는 것입니다. 필로폰이 제2차 세계대전에서 군인들을 잠 안 재우고 전투하게 만드는 각성제로 사용되었다는 것을 생각해보세요. 공부 잘하는 약이 각성제였다는 것입니다. 아, 세상살이가 총성 없는 전쟁이라 각성제를 먹어야 살아갈 수 있는 것일까요?

진짜로 위험한가요?

메틸페니데이트의 위험성은 아직 완전히 결론 나지 않았습니다. 여러 논문을 살펴보면 문제가 있다는 연구도 있지만, 어떤 경우 전혀 문제가 없다고 말하기도 합니다. 만약 건강상 큰 문제가 없다는 결론이 우세해진다면 메틸페니데이트를 복용하고, 집중력을 유지하는 것이 괜찮은 것일까요? 즉, 각성제를 사용해서 집중력을 올려 공부하고 생산성을 올리는 게 과연 윤리적으로 맞냐는 것입니다.

우리는 왜 집중력을 유지하려고 할까요? 그것은 경쟁에서 우위를 점하고 생산성을 높이기 위해서일 것입니다. 인간의 욕심은 끝이 없어, 자신의 한계를 항상 뛰어넘으려고 시도합니다. 그것이 세상을 발전시키는 원동력이 되기도 하지만, 자신을 망가뜨리기도 하죠.

　정신적으로 작용하는 약물들은 본래 인간이 가지고 있는 뇌신경전달물질과 수용체에 작용하는 기전을 가지고 있습니다. 자연적으로 주어진 자극은 강도가 강하더라도 인간이 수용할 수 있고, 생활 속에서 다시 얻어낼 수 있어요. 하지만 약물로 만들어낸 자극은 다시 얻어낼 수 없는 감정을 유발합니다. 그로 인해 약에 종속될 수밖에 없는 거예요. 마약이 위험한 것은 이 때문입니다. 내 스스로 뭔가를 해낼 수 없는 존재로 만들어버리는 것. 그래서 약의 노예가 되어버리는 것이죠. 향정신성 의약품인 각성제의 위험성도 바로 여기서 출발해야 한다고 생각합니다.

　2020년 3월에서 2021년 2월까지 메틸페니데이트를 투여받는 환자가 약 14만 명이라고 합니다. 2014년에서 2019년 상반기까지 평균 10만 명이 안 되던 것에 비하면 엄청나게 늘어난 수치죠. 과연 우리 주위에 주의력결핍 과잉행동장애 환자가 그렇게 많이 늘었을까요? 혹시 다른 이유로 오남용되고 있는 것은 아닐까요? 현시점에서 심각하게 고민해봐야 할 때인 것 같습니다.

감기약에 마약류가 있다는 것은
무슨 말일까요?

감기약을 먹고 취했다니?

2023년 4월 26일 뉴스에 눈을 의심케 하는 기사가 보도되었습니다. 이상한 행동을 한 사람 2명이 주민의 신고로 경찰에 붙잡혔다는 것입니다. 정신을 못 차리는 이들의 행동은 분명 마약이 의심되는 상황이었습니다. 이들 중 1명은 마약 간이 검사 결과 희미하게 양성, 1명은 음성이 떴습니다. 경찰에게 잡혀가는 순간까지 헛소리와 이상 행동을 했다는데요. 모든 모습은 CCTV 안에 고스란히 담겼고, 유튜브 등 SNS를 통해 전 국민에게 공개되었죠. 많은 사람을 경악하게 한 것은, 이들의 나이였는데요. 바로 중학생이었던 것입니다.

조사 결과, 이들은 마약을 먹은 것이 아니라 '감기약'을 먹었답니다. 물론 감기약을 감기 증상을 완화하려고 먹은 것은 아니었습니다.

감기약을 다량으로 먹으면 환각에 빠질 수 있다는 소리에 일본 직구 사이트에서 해당 감기약을 구매했고, 한꺼번에 20알이나 복용했다는 것입니다. 실제로 감기약을 다량으로 복용한 이들은 제정신이 아닌 상태가 되었어요. 이들이 복용했던 감기약에는 '덱스트로메트로판'이 높은 함량으로 들어 있었습니다. '마약'을 먹은 것은 아니지만, '마약류' 성분을 복용한 것은 확실합니다.

얼마 전 저는 마약류 단속을 하고 있던 경찰분께 간이 약물 제조 공장 같은 사진 한 장을 받았습니다. 해당 공장에는 몇몇 화학 약품과 알약들이 즐비하게 보였는데요. 경찰은 사진 속 알약의 정체를 저에게 물었어요. 자세히 살펴보니 그 정체는 바로 '액티피드정'이었습니다. 경찰관은 액티피드정으로 추측되는 상황에서 확인차 필자에게 연락을 해본 것이었지요. 경찰관은 약 성분이 '트리프롤리딘'과 '슈도에페드린' 2가지임을 약학정보원에서 찾았고, "이 약으로 필로폰(메스암페타민)을 만들려고 시도한 것 같다"라고 했어요. 바로 다음 수사에 착수하겠다고 말했습니다. 액티피드는 콧물, 코막힘 등 비염, 코감기에 사용하는 일반의약품인데요. 사진에 보니 드럼통 같은 곳에 액티피드가 잔뜩 들어 있었어요. 약국에서 일반적으로 10정씩 판매하는데, 어디서 저렇게 많이 구했을까요? 아마도 정상적인 구매 방법은 아니었을 것 같다는 생각이 들었습니다. 어쨌든 이 범죄자들은 '비염약'이 '마약류'가 될 수 있다는 것을 알고 있었다는 것입니다.

감기약이 마약이 되는 것일까요?

그런데 어떻게 감기약이 마약류가 될 수 있을까요? 그것은 감기약 중 일부 성분이 마약류와 구조적으로 매우 유사하기 때문입니다. 슈도에페드린과 필로폰의 실제 모습은 다음과 같아요.

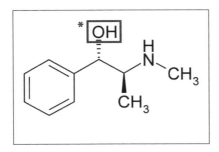 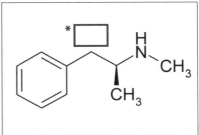

슈도에페드린
메틸아미노페닐프로판올

필로폰(메스암페타민)
메틸페닐프로판아민

아마도 여러분 중 약 성분은 들어봤지만, 구조식까지 찾아본 사람은 거의 없을 것입니다. 바로 화학 구조식을 보면 성분의 실제 모습을 가장 정확하게 볼 수 있어요. 즉, '슈도에페드린'은 이름이고, 실제 모습은 '메틸아미노페닐프로판올'이랍니다. '필로폰'도 실제 모습은 '메틸페닐프로판아민'입니다. 이것을 그림으로 그려보면 위의 모습과 같아요.

그림에서 볼 수 있듯이 감기약으로 사용되는 슈도에페드린과 필로폰은 '수산기(OH)' 하나만 다르고 똑같이 생겼어요. 이 때문에 슈도에페드린에서 '수산기'만 떼어내면 필로폰이 된다는 것이죠. 이렇게 쉽게 만들 수 있다 보니 매번 불법으로 필로폰을 제조하다 붙잡힌 사례들이 나오는 것입니다.

이런 범죄는 최근까지 끊이지 않고 나타나고 있습니다. 2021년에는 30대가 같은 혐의로 붙잡히기도 했어요. 감기약 1,000여 통을 구입해서 약 1kg의 필로폰을 제조했다고 하는데, 1통에 500~1,000정 분량의 슈도에페드린이 있었을 것으로 추정됩니다.

그런데 이 불법 제조업자는 도대체 이 많은 양의 '의약품'을 어떻게 구했을까요? 아마 정상적으로 약국에서 구했을 리는 없습니다. 왜냐하면 앞서 말했듯 약국에서 판매되는 코 감기약은 보통 10~20정 포장으로 되어 있기 때문입니다. 이런 범죄자들은 약국에서 조제용(일반 판매용이 아닌) 일반의약품을 구입하거나, 또는 제약회사 등 유통 직원과 짜고 불법으로 약품을 취득하는 경우가 일반적이랍니다. 이런 이유로 슈도에페드린은 안전성이 뛰어난 일반의약품이지만, 120mg 고함량은 반드시 의사 처방에 의해서만 구입할 수 있는 전문의약품으로 전환되기도 했어요.

현재 일반의약품 최고 함량은 60mg이지만, 이것도 다량으로 구입하면 얼마든지 마약류 제조 원료로 사용될 수 있죠. 슈도에페드린 함유 제제의 경우 3일 분량 정도는 일반의약품으로 유지하되, 용량이 많이 들어 있는 제품은 전문의약품으로 전환하는 정책적 변화가 필요해 보입니다. 소포장 일반의약품을 다량으로 구매할 가능성도 있을까요? 글쎄요. 의지만 있다면 가능하지 않을까요? 이런 이유로 인체에 큰 영향을 미치는 의약품은 반드시 지정된 장소에서, 판매에 책임을 부여할 수 있는 면허권자가 판매해야 하는 것 아닐까요?

에구머니나, 기침을 억제하는 성분이 바로 마약류였다니!

일본에서 판매되는 일반의약품 기침약에 마약성 기침약인 '디히드로코데인'이 함유된 제품이 있습니다. 이를 다량으로 복용해서 환각 작용을 일으킨 사례가 알려져 있기도 하고요. 정상적인 판단력을 가지고 있다면, 당연히 그렇게 복용하지 않겠죠. 기침약 속에 포함된 다른 약물에 의해 나타나는 유해반응 때문에 몸이 매우 불편해지니까요. 하지만 잘못된 호기심이나 약물에 중독된 경우라면 당연히 그런 판단을 할 수 없을 거예요. 우리나라에서는 디히드로코데인은 전문의약품으로 관리되고 있어 처방에 의해서만 약국에서 구입이 가능합니다. 다량으로 먹고 싶어도 그럴 수 없지요.

하지만 온라인으로 구입하는 경우라면 말이 달라요. 최근 일부 의약품들이 일본 직구 사이트를 통해 유통되고 있더라고요. 나라마다 약품의 허가 기준이 다르다 보니 우리나라에서는 전문의약품인 성분들이 일반의약품으로 구입할 수 있게 되어 있기도 합니다. '디히드로코데인'이 그렇고, 앞서 언급한 중학생들이 복용한 감기약이 그렇습니다.

 기침약 중에 중추신경에 작용해서 기침을 멎게 하는 가장 대표적인 성분이 바로 코데인입니다. 그리고 지금 이야기할 또 다른 덱스트로메트로판 역시 중추성 기침약이에요. 덱스트로메트로판이라고 말하면 마약류와는 전혀 다른 성분인 것 같지만, 이것도 역시 화학구조식을 보면 마약류라는 게 쉽게 이해가 될 것입니다.

덱스트로메트로판   코데인

 위의 화학 구조식을 보면 덱스트로메트로판과 코데인은 거의 유사한 구조로 되어 있음을 알 수 있어요. 이런 유사 구조 때문에 기침을 억제하는 효과도 비슷한 기전으로 나타나는 것입니다. 코데인이 마약에 속한다면, 덱스트로메트로판은 향정신성 의약품에 속합니다. 물론

덱스트로메트로판은 300mg 이상 고함량에서 중추신경 작용이 나타납니다. 일반적으로 판매되는 국내 허가된 일반의약품 용량은 1일 함량 30mg 미만이기 때문에 큰 문제가 되지 않을 수도 있지요. 하지만 다량으로 복용할 경우 분명 환각작용 등 정신적 부분에 문제가 발생할 수 있습니다. 일본 의약품은 우리보다 함량이 높은 제품들이 있어 더 위험하고요.

일부 감기약은 대량으로 살 수 없게 해야 합니다

이런 여러 상황을 보면서 우리가 생각해봐야 할 것은, 상비약으로 복용하는 일반의약품인 감기약이라고 해도 잘못 복용하면 얼마든지 유해한 작용이 나타날 수 있다는 점입니다. 특히 국내 허가 제품이 아닌 경우, 식약처에서 인증하지 않은 성분들이 들어 있을 수 있기 때문에 더더욱 주의해야 합니다. 집에 청소년이 있는 부모님들이라면 꼭 기억하셔야 하는 것이 있는데요. 청소년기에는 호기심이 많고 군중심리에 쉽게 휘말려 약물 복용 유혹에 쉽게 빠질 수 있다는 것입니다. 특히 스마트폰 쇼핑이 익숙한 아이들에게 절대 의약품 구매를 하지 않도록 단속하는 것도 잊지 말아야 해요. 식품의약품안전처나 보건당국 또한 약국 외에 유통되는 의약품의 철저한 관리와 함께, 해외 직구 사이트에서 구매할 수 있는 의약품을 더욱 철저히 제한하도록 해야 합니다.

앞에서도 언급했지만, 마약 제조 원료로 사용될 수 있는 슈도에페드린 성분을 함유한 의약품의 경우 일정 수량 이상이 되면 전문의약품으로 지정해 소비자가 쉽게 구매할 수 없는 장치를 만들어두는 것도 필요합니다. 중추신경에 작용할 수 있는 약물들은 어떻게 오용될지 알 수 없으므로 보다 엄격한 규제를 해야 합니다. 반드시 보수적으로 관리해야 할 필요가 있습니다.

마약류인데 마약이 아닌 약이 있다고요?
- '한외마약' 이야기

감기로 처방받은 환자가 물었습니다.
"한외마약? 감기약에 마약이 왜 들어 있죠?"

최근 약국에서 처방 약을 받아본 사람이라면 다 알고 계실 거예요. 약 봉투에 약에 관한 정보가 생각보다 자세히 기록되어 있답니다. 약 모양에서부터 색깔, 크기, 효능과 주의 사항까지 말이죠. 중요하게 체크해야 할 내용은 거의 다 기록되어 있다고 봐도 좋아요. 약국에서 처방 약 설명 듣고 나가실 때 꼭 약 봉투를 읽어 보시길 바랍니다. 하지만 지금부터 제가 이야기할 에피소드는 너무 자세히 약물 정보를 찾아본 환자 때문에 생겼답니다.

환자는 30대 여성입니다. 병원에 들러 진료를 받고 상기도 감염증 (감기)을 개선하기 위한 처방을 받았죠. 처방 내용은 기침 가래약, 충

혈제거제, 항히스타민제, 해열 진통제 등이었습니다. 복약 상담, 계산이 다 끝나고 약국으로 다시 전화가 온 것은 환자가 약국을 나선 지 20여 분 뒤였습니다. 약국에 문의한 내용은 자기에게 왜 '마약'을 주었냐는 것이었어요. 무슨 말이냐고 물었더니, 처방받은 내용에 대해 '약학정보원'에서 정보를 찾아보니 '한외마약'이라고 표시가 되어 있다는 것이었습니다. 증상이 심하지도 않은데, 이런 약까지 복용해야 하는지 물었던 것이죠(부지런한 독자 여러분을 위해 참고로 덧붙이자면, 네이버 지식백과에 나와 있는 약물 정보에는 한외마약이라는 용어가 빠져 있고, 전문의약품이라고만 되어 있습니다). 이런 질문은 처음 받아보는 것이라 좀 당황스럽긴 했지만, 한외마약은 마약과 다른 것이라는 것부터 차근차근 알려드렸습니다. 환자분께서는 이해를 충분히 하셨다며 감사 인사를 잊지 않으셨어요. 생각해보니 마약 분류 체계를 잘 알지 못하는 사람이라면 충분히 오해할 만하겠다는 생각이 들었습니다.

마약류는 마약류인데 한외마약은 다르다고요?

그렇습니다.

우리 주변에 있는 많은 약들은 정확한 분류 체계 안에 들어가 있어요. 의약품은 크게 전문의약품과 일반의약품으로 분류되어 있죠. 전문의약품은 전문가의 지시에 따라 사용해야 하는 약이고, 일반의약품은 전문가의 진단 없이 사용할 수 있는 약입니다. 마약류는 전문의약품에 속해 있습니다. 즉, 의료용으로 사용되더라도 반드시 의사 진료 후 처방에 의해서만 사용할 수 있다는 것이죠.

앞서 살펴봤지만, 마약류는 크게 마약과 향정신성 의약품, 그리고 대마로 나뉩니다. 마약은 다시 천연 마약과 합성 마약 그리고 그것들이 섞여 있는 것으로 구분되는데요. 천연 마약은 양귀비, 아편, 코카 잎을 말하며, 합성 마약은 천연 마약 속 성분만을 추출하거나 그것을 변형시켜 만든 마약들을 말합니다. 천연 마약은 모두 의료용으로 사용하지 않습니다. 유통, 소지, 판매 등이 모두 강력한 법적 처벌을 받게 돼요(처벌에 대해서는 뒤에 따로 말씀드리겠습니다). 합성 마약도 대부분 의료용으로 사용하지 않는데요. 코데인 등 기침약이나 펜타닐 등 마약성 진통제처럼 합성 마약 중 일부만 사용됩니다. 이것들은 전문의약품으로 분류되어 있어 의사 처방에 의해서만 사용되고, 처방 또한 엄격하게 관리되고 있지요.

그리고 오해하기 쉬운 것 중 하나가 앞서 말한 '한외마약'입니다. 한외(限外, 한정된 범위 바깥쪽)라는 말에서 알 수 있듯, 한외마약은 특별히 처방 제한을 받지 않는 전문의약품입니다. 마약이라면서 어째서 처방 제한을 받지 않는 것일까요? 그것은 포함된 마약 성분 함량이 매우 적고(디히드로코데인 10mg 또는 코데인 20mg 이하), 마약 이외의 성분이 3종 이상 복합되어 있어 따로 마약 성분만 추출해서 다시 제조할 수 없기 때문입니다. 즉, 한외마약은 정상적인 의약품 유통 과정 안에 있다면, 마약으로써 사회적 해악을 끼치지 않는 약이라는 말이죠. 실제로 가장 많이 사용되고 있는 기침약 중 주석산디히드로코데인이 들어가 있는 코푸, 코데날 등 한외마약을 살펴볼게요.

디히드로코데인타르타르산염 10mg
구아이페네신 100mg
메틸에페드린염산염 35mg
클로르페니라민말레산염 3mg (모두 1회 용량임)

포함된 내용을 보면, 마약류 관리법에 너무도 정확히 들어맞게 만들어 놓은 것을 알 수 있답니다. 특히 디히드로코데인 성분을 한계 용량까지 딱 맞춰 넣어 놓은 것이 매우 인상 깊네요. 누가 봐도 마약 성분인 디히드로코데인이 주성분인 것을 알 수 있겠죠? 하지만 용량과 복합 성분들로 인해 마약으로 제한받지 않는 전문의약품이 되었습니다.

그래도 마약! 주의 사항은 기억해둬야 해요

마약으로 분류되는 코데인 함량은 어느 정도일까요?

코데인염으로 1회 용량이 20mg입니다. 생각보다 적은 양인데도 마약으로 분류되고 있다는 것을 알 수 있어요. 이는 한외마약과 다르게 코데인을 다량으로 섭취할 가능성이 높기 때문입니다. 코데인이나 디히드로코데인은 체내에서 모르핀으로 변화(5~15%)되어 약효를 나타냅니다. 당연히 다량으로 복용해서는 안 되겠죠. 즉, 본래 취지와 다르게 마약으로 사용될 수 있으므로, 마약으로 분류되어 철저하게 관리되고 있답니다.

디히드로코데인 복합제 복용은 단일제 복용과 다르게 중독성 약물처럼 작용할 우려는 크게 없습니다. 제가 운영하는 약국에는 이비인후과 처방으로 디히드로코데인 복합제를 처방받아 복용하는 환자들이 많지만 중독성, 내성, 금단증상 등을 호소하는 경우는 보지 못했습니다. 그렇다고 부작용 자체가 없는 것은 아닙니다. 호흡을 과도하게 억제할 수 있는데요. 특히 저연령대 환자가 복용할 때 수면 무호흡이 생기는 경우가 보고되어 있기도 하죠. 목숨과 유관한 유해반응 때문에 식품의약품안전처에서는 2018년 1월부터는 12세 미만 유소아에게는 아예 이 약물을 처방할 수 없게 규정하기도 했습니다. 졸음이나 현기증, 입 마름, 변비 등의 증상은 디히드로코데인이 아편 수용체에 작용하면서 나타나는 일반적인 유해반응입니다. 만약 기침 가래약을 복용했는데 위와 같은 증상이 나타났다면 약물 조절이 필요할 수 있으니 바로 의사나 약사와 상의해야 합니다.

환자가 이해하기 쉬운 용어 사용이 중요합니다

우리가 쉽게 생각하고 넘어가는 많은 용어 안에 실제 담긴 의미는 그 크기가 작지 않습니다. 용어의 의미를 잘못 알았을 때 잘못된 이해를 하기 쉬운데요. 특히 의약품에 관한 오해는 곧 환자 건강에 직접적인 영향을 줄 수 있어서 더욱 중요합니다.

'한외마약'처럼 환자에게 중독성 우려가 매우 적은 마약류는 이름을 좀 더 순화할 필요가 있겠고, 향정신성 의약품처럼 의존성과 중독성이 더 강한 약물의 경우에는 보다 직관적인 용어로 변경해 오남용을 줄일 필요가 있다고 생각합니다. 요즘에는 환자 중심의 의료, 환자 중심의 약료 등이 대세라고 하더라고요. 모든 의료 정책이 환자 중심으로 이동되고 있는 것처럼 의약 용어도 환자의 관점으로 다시 정립되어야 하지 않을까요?

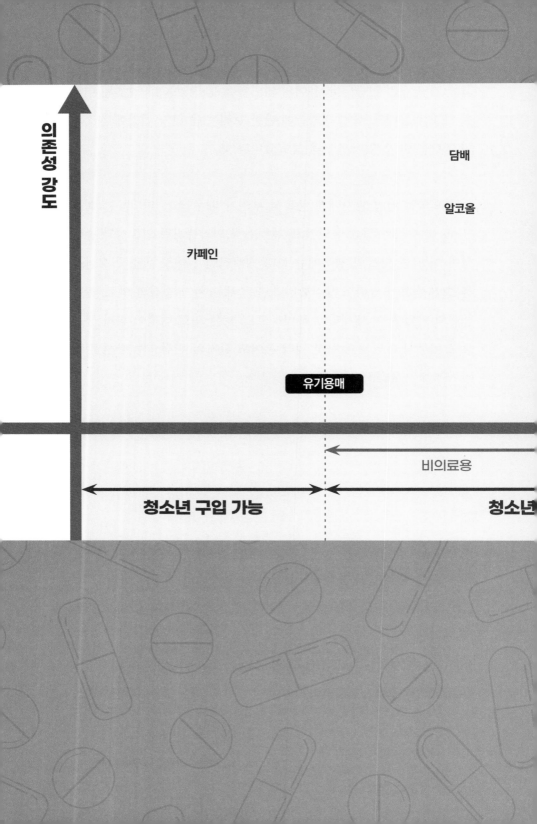

헤로인(디아세틸모르핀)
필로폰(메스암페타민, 흥분)
코카인

●	마약
●	향정신성 의약품
●	대마
●	유해화학물질(환각물질)
●	기타 중독성 물질

메타돈(마약성진통제)
바비튜레이트(억제)

벤조디아제핀(억제)
암페타민(흥분)
케타민(억제)
대마초
메틸페니데이트(흥분)

LSD(리세르그산 디에틸아미드)
GHB(억제)
엑스터시(메틸렌디옥시 메스암페타민/MDMA, 흥분)
카트(케치논, 흥분)

아산화질소

의료용

구입 불가   **전 연령 구입 불가**

Chapter 3

나도 모르는 사이
노출될 수 있는 불법 마약류

마약류를 불법으로 사용하면
처벌받습니다

개인 선택이니 처벌하지 말라고요?

지금까지 우리는 생활 속에서 쉽게 접할 수 있는 중독성 약물부터 의약품으로 사용되는 중독성 약물까지 살펴봤습니다. 이제부터는 불법적으로 사용되는 악질 중독성 약물, '불법 마약류'에 대해서 알아보도록 하겠습니다. 그 전에 '불법 마약류'를 사용하는 것은 개인적인 문제일 텐데, 왜 법적인 제재를 가해야 할까요?

법은 왜 필요한가요?

일단 '법'이란 무엇일까요?

'법'은 사회 질서를 유지하면서 사회를 이루고 있는 개인의 자유를

보장하기 위해 만들어놓은 '규범'입니다. 법을 어겼다는 것은 사회 질
서를 어지럽히거나 개인의 자유를 침해했다는 것이 되겠죠.

마약류에 대한 '규범'은 '마약류 관리에 관한 법률'에 나와 있는데
요. 이 법이 만들어진 취지는 '마약류 오용 또는 남용으로 인한 보건
상의 위해(危害)를 방지해서 국민보건 향상과 건강한 사회 조성에 이바
지함을 목적으로 한다'라고 규정하고 있습니다. 약물에 의해 육체적,
정신적 건강에 심각한 문제가 발생한다면 사회 구성원으로서 역할을
하지 못하게 되겠죠. 즉, 마약류에 관한 법은 약물에 의해 건강을 해
쳐 개인의 자유를 침해하고, 정신적 문제로 인해 사회 질서를 어지럽
히는 것을 막기 위해 만들어졌음을 알 수 있습니다. 이것은 마약류를
사용했을 때 나타나는 행동의 변화를 생각해보면 쉽게 이해할 수 있
습니다.

마약에 중독되는 생생한 과정

마약류에 처음 접한다고 해서 바로 중독자가 되는 것은 아닙니다.
그저 처음에는 호기심에 또는 누군가의 권유로, 또는 자신도 모르게
'약물'에 접촉하게 될 것입니다. 약물에 처음 접촉하게 된다고 모두
중독자가 되는 것은 아닙니다. 매우 기분이 좋아지거나 편안해지는
정신적 변화를 경험하게 되겠죠. 물론 경우에 따라서는 신체적 활동
이 제대로 되지 않는 현상을 경험하게 되기도 할 것입니다. 문제는 이

정신적 변화가 머릿속에 기억된다는 것입니다. 처음에는 경험 정도로 느껴졌던 기억이 다시 생각나는 것은 비슷한 환경에 노출되었을 때입니다.

제가 들은 안타까운 마약 중독자 A씨 이야기를 해보겠습니다.

이 남성 중독자 A씨는 어려운 성장 시절을 겪었습니다. 부모님이 이혼하셔서 어머님과 함께 생활했는데, 경제적으로도 어려운 형편이었죠. 어머님은 청소년인 A군에게 버팀목이 되어주지 못했습니다. 오히려 A군에게 의지하면서 삶의 과중한 무게를 짊어지게 했죠. A군은 성인이 되었고, 사랑하는 사람을 만나고 결혼했을 때 그동안 힘들었던 자신의 삶을 보듬어 줄 수 있기를 기대했습니다. 하지만 그의 결혼 생활도 그리 녹록지는 않았는데요. 결혼한 부인도 육아에서 경제 생활까지 A씨에게 의존하는 경향을 보였던 것입니다. 어디에서도 위로받지 못했던 A씨는 스트레스로 힘들었는데요. 하루는 혼자 외로움을 달래려 바텐더가 있는 술집에 들렀습니다. 술집에서 '괜찮은' 위스키 한 잔을 시키고, 한 모금을 넘겼습니다.

그 순간 어깨를 짓누르던 세상의 모든 짐이 없어진 느낌을 받았답니다. 태어나서 그런 느낌은 처음이었다고 해요. 이게 바로 마약류에 접촉되었을 때 느낌인데요. 꼭 기억해둬야 해요. 특별한 이유 없이 내가 전에 자연적으로 느끼지 못했던 어떤 감정을 느끼게 되었다면 약물 때문이 아닌지 의심해봐야 합니다. 그것이 안정감이 생기는 것이든, 잠이 잘 오는 것이든, 기분이 너무 좋아지는 것이든, 심지어는 블랙 아웃(술을 마신 뒤 단기 기억 상실이 오는 것)이 되는 경우라도 말입니다.

A씨는 이 느낌을 그저 분위기 좋은 바에서, 좋은 술을 먹은 것 때문에 기분이 한결 나아진 것으로 쉽게 생각했습니다. 그리고 또다시 일상으로 돌아갔지요.

술집을 다녀왔어도 일상은 특별히 변하지 않았습니다. 직장과 집에서 받는 스트레스는 여전히 A씨의 어깨에 짐으로 쌓여 있었지요. 하지만 A씨는 걱정이 없었어요. 해결할 수 있는 창구가 있었으니까요.

이제 A씨는 삶이 힘들어지는 느낌이 있을 때마다 술집을 찾았습니다. 한두 달에 한 번 가던 것이 한 달에 한 번, 일주일에 한 번… 점점 횟수가 늘었습니다. 그뿐만 아니라 전에는 한 잔만 먹어도 기분이 좋았는데, 갈수록 여러 잔을 먹어야 스트레스가 풀리는 것 같았어요. 그때까지도 A씨는 꿈에도 몰랐습니다. 마약에 중독되었다는 것을요.

A씨가 마약 중독자인 것을 알게 된 것은 술집 직원이 마약 사범으로 검거되면서입니다. 술집 직원이 마약을 몰래 먹인 사람들을 진술하면서 A씨도 마약 사범으로 소환된 것이죠. 자신이 원하지는 않았지만, 중독자의 삶을 살게 되어버린 안타까운 이야기입니다.

마약에 중독되면 판단력을 잃습니다

이제부터는 상상력을 동원해볼게요. 만약 A씨가 좀 더 깊은 수렁에 빠졌다고 생각해보세요. 바텐더는 어김없이 매일 찾아오는 A씨에게 이제는 솔직하게 말하겠다며, 사실 지금까지 복용한 것이 마약이라고 털어놓습니다. 이제까지 먹은 당신도 공범이라 신고해봐야 소용없다고 협박까지 합니다. 분명 A씨는 놀람과 분노, 그리고 마약 범죄자가 될지 모른다는 두려움에 몸이 덜덜 떨렸습니다. 다시는 오지 않겠다고 화를 내며 술집 문을 박차고 나섰지요. 하지만 하루 이틀 술집에 가지 않으니 무기력과 우울감에 시달리고, 잠을 자지 못하며 몸이 너무 아프기 시작했습니다. 감기라고 생각해서 약을 먹었지만 소용없었어요. A씨는 그제야 마약을 먹지 않아 몸이 견딜 수 없다는 것을 알게 되었습니다. 다시 술집에 찾은 A씨는 직원에게 약을 달라고 부탁했지만, 직원 표정은 싸늘합니다. 전에 화를 내고 나갔으면서 왜 다시 왔냐며, 나가라고 합니다. A씨는 이제 애원하기 시작합니다. 이런 사람을 너무 많이 봤다는 듯 술집 직원은 능숙하게 대처합니다.

이제 A씨는 하루 종일 약 생각만 납니다. 직장에서도 자꾸 실수하는 통에 해고당한 지 오래입니다. 그래도 약을 구해야 살 수 있을 것 같은데, 돈이 없으니 어떻게 돈을 구할지 걱정됩니다. 돈을 구할 수만 있다면, 그래서 약을 살 수만 있다면 범죄를 저지를 수도 있을 것 같습니다.

불법 마약류 사용은 반드시 법적 처벌이 필요합니다. 하지만…

이처럼 불법적인 '마약류'의 남용은 한 사람의 삶을 송두리째 망가뜨린다는 데 큰 문제가 있습니다. 약물에 의존하게 만들고 다른 생활을 못 하게 만드는 것은 결국 개인의 자유를 현저하게 침해한 것입니다. 약 사용은 본인이 선택한 것 아니냐고 반문할 수도 있습니다. 그 말도 맞습니다. 하지만 개인적인 선택으로 사용하든, 그렇지 않든 마약류 남용은 약물 의존성을 유발함으로써 결국 개인의 자유를 침해하는 결과를 유발하는 것이죠. 또 개인의 사회적 기능이 파괴되면서 공동체가 무너지거나 범죄와 연루되어 사회 혼란을 일으킵니다.

결국 우리 사회의 정상적 질서 유지를 통해 더 자유로운 공동체를 만들어가기 위해서는 불법적인 '마약류' 사용에 대해 법적 처벌을 할 수밖에 없는 것입니다. 하지만 처벌만이 능사는 아니겠죠. 반드시 따라야 할 것이 있는데요. 예방 교육과 치료입니다. 이것은 뒤에서 다시 이야기해보도록 하겠습니다.

헤로인과 코카인, 필로폰은
같은 마약인가요?

유명한 마약들은 다 같은 것일까요?

여러분들 '마약' 하면 가장 먼저 떠오르는 이름이 무엇일까요?

아마 예전부터 가장 많이 들어봤던 양귀비, 아편 등을 떠올리는 분들도 계실 것이고, 코카인이나 히로뽕을 떠올리는 분도 계실 것입니다. 이런 마약류가 다 같다는 생각이 들 수도 있지만, 사실은 그렇지 않아요. 앞서 마약을 '마약류'라고 불러야 한다고 말씀드린 것처럼, 어렴풋이 알고 있었던 마약류도 각기 다르다는 것을 안다면 좀 더 잘 대처할 수 있을 것입니다. 이들의 실제 모습부터 살펴보시죠.

실제 모습을 보려면 화학 구조식을 보는 것이 가장 정확하다고 말씀드렸는데요. 3가지의 구조식은 다음과 같습니다.

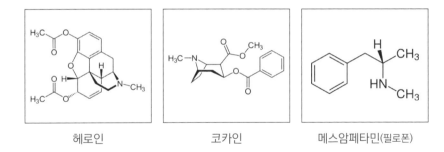

| 헤로인 | 코카인 | 메스암페타민(필로폰) |

어때요? 생긴 것이 완전히 다르죠? 이 3가지 종류를 아는 것은 마약류에 대한 전반적인 이해를 도울 수 있습니다. 일단 헤로인부터 살펴보지요.

헤로인은 진통제로 개발되었어요

가장 강력한 중독성을 가진 것으로 알려진 헤로인은 아편이나 양귀비 등에서 추출한 모르핀에서부터 출발하는데요. 이런 성분을 '오피오이드'라고 합니다. 모르핀은 양귀비에서 추출하기 때문에 '천연

모르핀

오피오이드'라고 부른답니다. 오피오이드는 뇌의 오피오이드 수용체에 결합해서 효과를 보이는 성분들을 말하는데요. 대부분 진통제를 찾는 과정에서 발견하게 되었답니다.

모르핀도 역시 본격적으로 개발된 것은 진통제로 사용하기 위해서였죠. 그림에서 본 것처럼 여기에 삐져나온 -OH 부분이 수용성인데요.
모르핀도 효과가 강력하지만, 이것을 지용성으로 변화시키면 그 효과가 더 강력해질 수 있습니다. 보통 메틸기(-CH3)를 붙이는데요. 이것보다 더 강력하게 만들려면 아세틸기(-COCH3)를 붙이면 됩니다.

지용성만큼 강해지는 효과

메틸 1개가 붙어 있는 것이 바로 코데인이며, 아세틸기가 각각 1개씩 2개 붙어 있는 것이 바로 헤로인이에요. 모르핀과 구조가 유사하지만, 더 강한 효과를 위해 인공적으로 구조를 변화시킨 것인데요. 이런 물질을 '반합성 오피오이드'라고 불러요. 그러니 헤로인은 매우 강력한 진통제랍니다.

왜 진통제 이야기를 하냐고요? 대부분 질병은 통증을 일으키는데요. 인류 의학의 역사는 바로 이 통증을 줄이는 것에서부터 시작되었다고 봐도 과언이 아니랍니다. 문제는 이 오피오이드들은 강력하게 통증을 완화하는 것만큼 유해작용도 심했는데요. 바로 환각작용 등으로 인해 의존성이 강해 남용하기 쉽고, 내성이 쉽게 생겨 건강상 유해할 가능성이 더 높다는 것입니다. 그래서 이러한 물질은 모두 '마약'으로 규정하고, 특별한 목적이 없는 한 사용할 수 없게 규정하고 있는 것입니다.

펜타닐

그림을 보세요. 모르핀이나 헤로인과는 다르게 생겼죠? 위의 구조식은 앞서 살펴봤던 펜타닐인데요. 이렇게 다르게 생긴 물질도 오피오이드 수용체에 작용해서 모르핀과 유사한, 또는 보다 강력한 효과를 낼 수 있어요. 이런 성분들은 '합성 오피오이드'라고 부릅니다.

헤로인을 사용하면 어떻게 될까요?

어쨌든 오피오이드를 인체에 적용하면 강력하게 통증을 제어하고, 근육 운동을 억제함으로써 기침이나 설사를 멎게 합니다. 그렇다면 우리가 이 책에서 관심을 두는 정신적인 부분에 작용하면 어떤 증상이 나타날까요? 마약을 사용할 때 특징적으로 나타나는 증상은 기분이 좋아지면서 환각이 보이게 됩니다. 사람들이 갑자기 기분 좋아 보이는 사람을 보면 "너, 약 먹었냐?"라고 말하기도 하죠? 이것은 어느 정도 일리가 있는 말이랍니다. 스트레스가 해소되는 것처럼 느끼기도 해서, 무언가 압박하던 것에서부터 벗어난 느낌을 받기도 합니다. 당연히 진통제니까 아픈 곳이 줄어들거나 없어지기도 하고요. 이런 효과는 흥분을 가라앉히는 효과와 함께 졸음이 나타나기도 합니다. 만약 무언가를 먹었는데 이런 느낌이 든다면 바로 의심을 해야겠습니다.

본인이 느끼는 것 외에 다른 사람이 보기에는 어떻게 보일까요?

뭔지 모르게 괜히 기분이 좋아 보이지만, 행동은 느려졌을 것입니다. 오피오이드는 근육도 이완하므로 뭔가 느슨한 느낌이 듭니다. 숨쉬는 호흡이 빠르지 않은 것도 특징이죠. 우리가 흥분하면 호흡이 빨라져야 하지만, 오피오이드를 사용하면 호흡이 늘어져요. 이게 더 심해지면 호흡 마비가 되어서 사망에 이를 수 있어요. 갑자기 무엇이 보인다고 헛소리하기도 할 것입니다. 자세히 보면 동공이 축소되어 있기도 해요. 주위에서 이런 사람이 보인다면 당연히 의심해봐야겠죠?

코카인은 마취제로 사용되었어요

다음으로 살펴볼 것은 대표적 흥분 마약인 코카인입니다.

코카인

마취제인 리도카인, 디부카인 등에서 알 수 있듯이, 카인(-caine)은 마취제라는 의미가 있는 접미사랍니다. 코카인도 마취제로 사용되었던 약이기도 합니다. 하지만 유해반응이 심해서 지금은 특별한 경우에만 사용하지요.

코카인은 강력한 각성제입니다. 각성제를 투여하면 신경전달물질인 카테콜아민 농도가 극도로 높아지면서 흥분작용이 강해지지요. 정신이 또렷해지는 느낌을 받고, 행복한 흥분감을 느끼며, 지나친 자신감이 생기고, 말과 행동이 빨라지는 등의 증상이 나타납니다. 환각작용과 망상, 혼란스러운 느낌 등은 각성제를 복용하면 당연히 따라오는 현상 중 하나입니다. 코카인의 효과는 수초 내에 시작되어서 보통 20~30분 지속되지만, 길게는 1시간~1시간 30분까지도 나타난다고 해요. 평상시보다 갑자기 즐거워지거나 흥분하는 느낌을 받는다면, 내가 사용한 약물이 코카인일 가능성이 높습니다.

코카인은 사용하는 방법이 다양해요. 가루를 코로 마실 수도 있고, 연기를 피워 마시기도 하며, 주사로 사용할 수도 있습니다. 영화에서 마약을 사용한다면서 코로 가루를 흡입한 뒤 이상한 표정을 짓고 있는 사람들이 등장하죠? 이것이 바로 코카인입니다. 코카인은 대마와 함께 세계에서 가장 많이 남용되는 마약 중 하나입니다.

코카인을 사용하면 어떻게 될까요?

그러면 코카인을 사용한 사람 주변에서는 어떻게 느껴질 수 있을까요?

평상시와 다르게 너무 자신감이 넘치거나 흥분되어 있으며, 공격성을 띠게 될 것입니다. 짜증이나 불안한 모습을 보이기도 하죠. 당연히 잠을 잘 안 자려고 하고, 땀을 흘리거나 동공이 확장되어 있기도 합니다. 즉, 눈동자를 보면 뭔가 화가 나 있는 사람같이 보인다는 것이죠. 주변에 이런 사람이 보인다면, 코카인 사용을 의심해야 할 것입니다.

필로폰은 각성제로 개발되었어요

코카인과 마찬가지로 필로폰은 메스암페타민으로 강력한 흥분제입니다.

메스암페타민(필로폰)

필로폰은 '마약'은 아니고, 향정신성 의약품인 '마약류'가 되겠죠. 필로폰은 '마황'에서 에페드린을 추출하면서 발견되었다고 해요. 필로폰은 '히로뽕'으로 불리기도 하는데, 이 명칭은 일본의 '다이니폰 제약'에서 출시한 상품명입니다. 처음 나왔을 때는 피로 개선제와 각성제로 사용되었는데요. 특히 제2차 세계대전에 참전한 군인들에게 사용했다고 하는 것은 매우 유명한 일화입니다. 지금은 그 강력한 중독성과 유해성 때문에 전 세계적으로 사용 금지된 약물이기도 합니다.

코카인과 필로폰과 같은 각성제들은 성행위의 욕구를 증가시키며, 쾌감을 높이는 작용이 있기도 하지요. 이 때문에 성범죄와 연관되어 사용되는 경우가 매우 많습니다. 클럽에서 사용되는 오락용 약물들은 대부분 이 성분과 유사한 흥분제들이 많습니다. 너무 흥분만 해서는 안 되니 오피오이드 유사체나 수면제(케타민과 같은) 등을 믹스해서 사용하기도 해요. 아마 이런 약물들이 몸에 들어오면, 뇌는 정신을 차릴 수가 없을 것입니다. 말 그대로 미쳐버리는 것이죠. 내 정신을 내가 조절할 수 없는 상태가 된다니 생각만 해도 무섭습니다.

각성제를 남용하면?

각성제는 처음에 느꼈던 느낌을 절대 다시 느낄 수 없습니다. 즉, 즐거움과 행복감은 약물을 사용함에 따라서 갈수록 감소하게 되지요. 하지만 심장 박동 증가나 체온 상승 등 신체적 작용은 그대로입니다. 즉, 기분이 더 좋아지려고 약물 사용량과 횟수를 늘리면 심장이 너무 빨리 뛰다가 멈추는, 심장 마비 증상이 올 수 있는 거죠. 또 혈압 상승 등으로 인한 뇌졸중 등 혈관계 증상이 발생할 수도 있습니다. 오피오이드는 근육을 이완해 호흡 마비로 사망할 수 있지만, 코카인이나 필로폰은 심장 마비로 사망할 수 있다는 것입니다.

잘 알아야 잘 막을 수 있습니다

자, 이제 여러분들께서는 막연하게 알고 계셨던 헤로인, 코카인, 필로폰에 대한 모습을 보게 되셨을 것입니다. 우리가 마약류에 대해서 잘 알아야 하는 이유는 무엇일까요? 바로 나 자신과 소중한 사람들을 제대로 보호하기 위해서입니다. 당연히 마약류는 사용하지 않는 것이 중요하지만, 혹 모르고 사용했다고 하더라도 그 상태를 파악하고 빠르게 치료받는 것도 매우 중요합니다. 그러려면 약물 사용 후 나타나는 반응을 정말 제대로 알고 있어야 합니다.

임시마약류는
마약이 아닌가요?

스마트폰으로 소비자를 유혹하는 문구들

40대 후반 남성인 A씨는 요즘 고민이 생겼습니다. 아직 한창인 나이인데 성욕이 너무 줄어들었고, 어쩌다 아내와 잠자리를 가지려고 하면 발기가 되지 않는 것입니다. 사실 아내도 이 점에 은근히 불만이 있는 것 같고요. 친구들에게 물어보니 아내와 한 달에 몇 번 잠자리를 갖는 것이 기본이라고 하는데, 자신만 제구실하지 못하는 것 같아 의기소침해졌습니다. 그런데 이런 고민을 어떻게 알았는지 스마트폰으로 문자 하나가 날라왔습니다.

'강력 파퍼 ㅁ뼈.'
'효과 없으면 반품!'

'와, 진짜 스마트폰은 나의 모든 것을 알고 있나 보다' 싶어 A씨는 누구에게도 말 못 한 고민을 알아준 스마트폰 기능에 감탄하면서 하이퍼링크를 눌러 봤습니다.

한편 20대 후반인 남성 B씨는 이성과의 만남을 즐기는 편이었습니다. 그런데 최근 평범한 만남으로는 그리 흥분되지 않는 것 같았어요. 다른 무슨 방법이 없나 이런저런 검색을 하던 중 흥미로운 제품을 발견했습니다.

'조금만 자극을 줘도 극도의 흥분감을 느낄 수 있습니다.'
'다양한 국가에서 사용 중인 '러쉬'가 드디어 한국에 상륙했습니다. 지금 경험해보세요.'

'이건 내가 바로 찾던 제품이네? 방향제처럼 남녀가 같이 쓴다고? 더 좋잖아?' B씨는 구입 문의를 텔레그램으로 하라는 게 좀 걸리긴 했지만, 무슨 문제가 있겠나 싶어 대수롭지 않게 생각했습니다. B씨는 스마트폰을 사용해서 링크된 텔레그램 방으로 들어갔습니다.

그리고 얼마 지나지 않아 A, B씨는 제품을 사용해보지도 못한 채, 경찰서로 조사를 받으러 오라는 통지를 받았습니다.

세상을 떠들썩하게 했던 러쉬

한때 주변을 떠들썩하게 했던 '러쉬(RUSH)'를 기억하시나요?

'러쉬'는 성욕을 상승시키고 성기능을 강화해준다며 광고해서 많은 사람을 유혹한 불법 의약품이죠. 먹을 필요도 없고, 아로마처럼 향을 내서 사용하면 된다니 얼마나 편리한지요. 더군다나 다른 사람 눈치를 볼 것도 없이 온라인으로 구매할 수 있다니, 더할 나위 없이 좋은 구매 조건이었죠.

하지만 러쉬는 '알킬 니트리트' 성분으로 '2군 임시마약류'로 분류되어 있어요. 그것은 해당 성분 때문인데요. '알킬 니트리트'는 혈관을 확장하는 효능이 있답니다. 혈관이 확장되면 일시적으로 뇌 혈류량이 증가하고, 이에 따라 흥분감이 발생하는 효과를 보일 수 있어요. 혈류량의 증가는 단순히 뇌로만 가는 것은 아니겠죠. 특히 음부로 이동하면 발기가 일어나는 등의 효과가 나타날 수 있습니다. 참고로 비아그라 같은 발기부전 치료제도 성기에 혈관을 확장하는 효과로 작용하는 거예요.

그렇다면 좋은 것 아니냐고요? 그렇지 않습니다.

일단 혈관을 확장해서 혈류량을 증가시키면 심장에 부담이 심해질 수 있습니다. 저혈압이나 심장 마비 등도 발생할 수 있어요. 뇌 혈류량의 변화로 인해 두통, 실신 등의 증상이 유발되기도 하지요. 18개월 동안 주기적으로 사용 시 황반 변성을 유발하는 것으로 알려져 있는데요. 이 때문에 실명할 수도 있습니다. 의존성과 신경 독성 등도 우려됩니다. 이렇게 러쉬처럼 흥분작용이 있으며, 신경계에 작용하고 인체에 유해한 영향을 미치는 약물은 당연히 '향정신성 의약품'으로 관리되어야 할 것입니다.

마약류 지정 절차를 간소화한 임시마약류 지정 제도

앞서 관련 법을 설명하면서 마약류 중 '인간의 중추신경계에 작용하는 것으로서 이를 오용하거나 남용할 경우 인체에 심각한 위해가 있다고 인정되는 것은 향정신성 의약품이라고 한다'라고 말씀드렸는데요. 그런데 한번 마약류로 지정이 되면 관리가 엄격해져서 지정을 신중히 해야 합니다. 마약류로 지정하는 것은 [마약류 관리에 관한 법률] 개정이 필요하므로 정말 까다로운 절차가 필요해요.

| 기존 마약류 지정 절차 |

· 남용 정보 수집 또는 지원
· 식약청 → 해당 약물 관련 상세 검토 및
　　　　　관계기관에 마약류 지정 타당성 의견 수렴
　　　　　유관단체 의견 수렴(필요시)

- 식약청 → 중앙약사심의위원회에 기술분석 검토 및 자문 요청
- 식약청 → 보건복지부에 마약류 지정 요청
- 복지부[마약류 관리에 관한 법률] 시행령 개정 준비
- 총리실 규제 개혁실, 법제처 심사
- 국무회의 의결
- 시행령 개정 공포, 시행 → 마약류 지정

당연히 시간도 매우 오래 걸리겠죠?

하지만 중독성과 남용성이 확실한 러쉬와 같은 약물을, 마약류로 지정될 때까지 기다렸다가는 다양한 사회적 부작용이 일어나게 될 것입니다. 실제로 러쉬를 몰래 들여와 팔던 일당이 성분에 관한 연구 미비 등으로 인해 2014년에 무죄를 선고받은 일도 있었죠. 문제가 있음을 알고 있어 단속했지만, 처벌할 수 없는 상황이 되어버린 것입니다. 이런 상황을 막기 위해서 2011년부터는 '임시마약류 지정 제도'가 실시되었습니다. 임시마약류 지정제도는 환각적 목적으로 남용되는 물질의 확산을 즉시 차단할 목적으로 만들어졌어요. 정신적 또는 신체적 의존성 규명 이전이라도 마약류 대용으로 남용되는 물질을 규제하는 제도로, 그 지정 절차를 간소화했다는 점이 장점입니다.

| 임시마약류 지정 절차 |

- 남용정보 수집 또는 지원
- 식약청 → 대검찰청 등 마약류 관계기관과 협의 거쳐 임시마약류 지정
       이후 절차에 따라 필요하다면 마약류 지정을 위해 시행령 개정 공포,
       시행 절차 진행

앞서 봤던 마약류 지정 절차에 비해서 매우 간단한 것을 알 수 있죠? 자세한 내용은 뒤에서 더 살펴볼게요.

임시마약류는 공무상 이외에는 취급 자체를 할 수 없어서 지정 기간을 법적으로 3년 이내로 정해놓고 있습니다. 이 기간에 사용하지 못하게 막고, 혹시 마약류로 지정해야 한다면, 유관 기관 검토 등을 통해 법률 개정을 하도록 정하고 있는 것이죠. 만약 이 기간에 법률 개정을 하지 못했다면 다시 임시마약류로 재지정도 가능합니다. 앞서 말씀드린 '러쉬'도 2013년에 2군 임시마약류로 지정된 후, 2020년에 다시 지정되기도 했습니다.

임시마약류 종류

임시마약류는 1군과 2군, 두 종류로 나눠집니다.

- 1군 임시마약류 : 중추신경계에 작용하거나 마약류와 구조적·효

과적 유사성을 지닌 물질로서 의존성을 유발하는 등 신체적·정신적 위해를 끼칠 가능성이 높은 물질(2023년 4월 기준 4종)

• 2군 임시마약류 : 의존성을 유발하는 등 신체적·정신적 위해를 끼칠 가능성이 있는 물질(2023년 4월 기준 81종)

(2011년 이후 총 251종의 임시마약류를 지정했고, 이 중 161종은 의존성 여부 평가 등을 거쳐 마약류로 지정함)

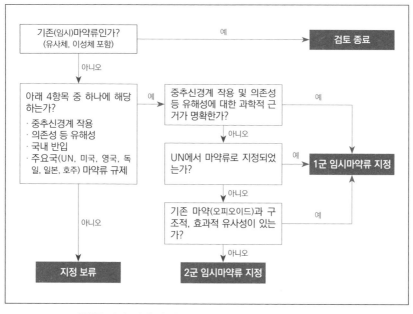

마약류 지정 절차 및 기준 (출처 : 식품의약품안전처 홈페이지)

대표적인 임시마약류를 알아보겠습니다.

1. 알킬 니트리트- 일명 러쉬, 정글쥬스 등

① 성상 : 강한 향을 지닌 노란색 물약. 요구르트 정도 크기의 조그
마한 통에 담겨 있는 경우가 많음.

② 사용 : 여성흥분제, 환각제, 최음제로 남용됨.

③ 분류 : 2군

러쉬

정글쥬스

2. 1P-LSD

① 성상 : 스티커 모양으로 1P-LSD가 적혀 있음.

② 사용 : 환각제로 남용됨.

③ 분류 : 2군

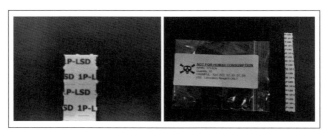

1P-LSD

이름은 '임시'지만, 처벌은 '마약류'처럼 엄격합니다

임시마약류는 마약류로 들어가기 전 빠르게 지정하기 위해 선택된 제도입니다. 하지만 '임시'가 붙어 있다고 해서 '마약류'가 아니라고 현혹하는 나쁜 사람들도 많습니다. 절대 속아 넘어가서는 안 됩니다.

마약과 향정신성 의약품에 따른 처벌 강도가 다르듯 임시마약류도 1군과 2군의 처벌 강도도 차이가 납니다. 이것은 약물에 따라 개인적, 사회적 위험도가 다르기 때문이에요. 처벌 조항을 자세히 알아볼게요.

1. 1군 임시마약류 처벌
① 추출, 제조, 수출입, 매매, 매매 알선, 수수, 제공할 목적을 갖고 있을 때 - 무기 또는 5년 이상의 징역
② 소지, 소유, 사용, 운반, 관리, 투약, 보관할 때 - 1년 이상의 유기 징역

③ 장소나 장비, 시설, 자금, 운반수단 등을 제공할 때 - 10년 이하
   의 징역 또는 1억 원 이하의 벌금

2. 2군 임시마약류 처벌
① 추출, 제조, 수출입 할 목적으로 갖고 있을 때 - 10년 이하의 징
   역 또는 1억 원 이하의 벌금
② 매매, 매매 알선, 수수, 제공할 목적, 소지, 소유, 사용, 운반, 관
   리, 투약, 보관할 때 또는 장소나 장비, 시설, 자금, 운반수단 등
   을 제공할 때 - 5년 이하의 징역 또는 5,000만 원 이하의 벌금

임시마약류로 지정된 물질은 사용하지 않았다고 해도 갖고 있거나
운반한 것, 장소를 제공하거나 매매를 한 것만으로도 모두 무거운 처
벌을 받는다는 것을 다시 한번 기억해야 합니다.

단속과 처벌에는 한계가 있어요

이렇게 관계 부처에서는 사회 독버섯처럼 퍼지는 마약류를 잡기
위해서 정말 엄청나게 노력하고 있는데요. 그런데도 새로 만들어지는
신종 마약류가 너무 많다는 게 문제입니다.

2024년 국정감사에서는 2023년에 유럽연합마약청(EUDA)에 보고
된 신종향정물질 26종 중 7종(27%)이 (임시)마약류로 지정되지 않아

마약류 관리에 빈틈이 생긴 것 아니냐는 주장이 제기되기도 했는데요("유럽마약청 신종향정물질 국내에선 마약류 미지정 27%" <메디칼타임즈> 2024년 10월 10일 기사). 법적으로 지정되지 않으면 처벌을 받지 않게 됩니다. 또 판매하는 사람들은 임시마약류에 지정되지 않아서 합법적이라는 말로 소비자를 현혹하기도 하지요. 그걸 믿고 사는 사람들은 결국 약물 중독 굴레에서 벗어날 수 없게 되어버립니다. 정말 큰 문제일 수밖에 없지요.

우리나라에서는 마약류나 임시마약류로 지정되어 있지만, 해외에서는 지정되지 않은 것들도 있어요. 이것은 안전하다는 것이 아니라, 그 나라에서도 제도상 지정이 늦어지고 있는 것일 수 있어요. 그래서 어느 나라에서는 합법이고, 사용되고 있는 약이라고 말하면서 광고하는 경우도 많이 있습니다. 결국 이런 말에 속았다가 약을 사용하면 안 되겠죠.

어떤 약이든 환각을 유발하며, 흥분을 시키고, 기분을 매우 강하게 안정시키는 것들은 마약류일 가능성이 높습니다. 이런 성분들은 모두 의존과 중독성이 있어서 애초에 사용하지 않는 것이 중요하겠죠.

뒤뜰에
양귀비를 키운다고요?

지인에게 전해 들은 이야기

춘천에 사는 지인에게 한 이야기를 전해 들었습니다. 춘천 시내에 살고 있지만, 외곽까지 이동해서 소일거리로 농사를 짓고 있는 어르신께서, 양귀비를 키워 단속되셨다는 것입니다. 물론 관상용인 줄 알고 텃밭에 심어 놓은 것이라서 계도 정도로 마무리되었지만, 마약류 단속에 걸릴 수 있다는 이야기를 듣고 가슴이 서늘하셨다고 합니다. 괜한 것을 키워서 사달을 낼 뻔했다며, 가족들에게 핀잔을 들었던 것도 당연한 일이었겠죠.

양귀비에서 추출한 아편, 알칼로이드 성분은 바로 모르핀입니다

마약 하면 알약이나 주사, 그리고 가루 형태를 생각하기 쉽습니다. 하지만, '마약류 관리에 관한 법률' 제2조 정의 항목에 제일 처음 나오는 마약은 바로 '양귀비[양귀비과(科)의 파파베르 솜니페룸 엘(Papaver somniferum L.), 파파베르 세티게룸 디시(Papaver setigerum DC.) 또는 파파베르 브락테아툼(Papaver bracteatum)]'입니다. 즉 양귀비를 키워 소유했다면, 마약을 소유하고 있는 게 됩니다. 관상용이 아닌 양귀비를 키우는 것은 경찰 등 단속 당국이 보기에는 공개된 곳에서 마약을 갖고 있다고 자랑하고 있는 것과 크게 다르지 않답니다.

양귀비의 꽃봉오리처럼 생긴 미성숙 열매에 상처를 내서 나온 유액을 추출한 것이 아편입니다. 과거에 청나라를 패망케 했던 아편은 가장 고전적으로 오랫동안 사용되어온 마약이죠. 법률 속 마약 정의에도 '아편[양귀비의 액즙(液汁)이 응결(凝結)된 것과 이를 가공한 것]'이 두 번째로 등장합니다. 아편의 주성분은 바로 앞서 살펴본 모르핀으로 정신, 신체적 의존성과 환각작용이 강한 마약입니다. 아편 속에는 모르핀이 약 10% 정도나 함유되어 있어요. 아편 속에는 모르핀뿐 아니라 기침약으로 유명한 코데인(약 1%)과 나르코틴(노스카핀, 약 5%)도 들어 있고, 진경제인 파파베린(약0.6%)도 들어 있어요. 이런 구성으로 인해 과거에 아편은 진통제, 기침약, 설사약으로 사용하기 위해 가정에서 상비약처럼 재배한 적도 있었다는 것을 알고 계셨나요? 하지만 그 부작용이 사회적 해악 수준이기 때문에 철저하게 관리되고 있는 것입니다. 사실 거의 모든 마약이 처음에는 질병을 치료하고, 통증을 개선하기 위한 의약품으로 사용되었죠. 나중에 그 유해성이 심각해 사용이 금지

되었지만 말이죠.

아편 성분 중에서 생약학 교과서[*]에 나와 있는 모르핀의 작용을 옮겨 보겠습니다. 환각작용보다 신체에 유해한 작용을 집중해서 봐주세요.

1. 중추신경계에 작용해서 하향성 마비, 특히 대뇌 피질 통각중추를 마비시켜 불안, 괴로움을 줄여준다(강력한 진통 작용).
→ 한마디로 몸과 머리를 마비시켜 괴로움과 통증을 잊게 한다는 말입니다.

2. 약용량에서는 심장에 대한 작용이 없으나, 다량에서는 심장 억제 작용이 있다.
→ 내성이 생겨서 다량으로 사용하면 심정지가 온다는 말이죠.

3. 연수의 호흡중추를 마비시켜 호흡을 느리게 하고 호흡량을 증가시킨다. 다량에서는 호흡이 불규칙하게 되고 이어 호흡 정지가 일어난다. 약용량에서 기침을 관장하는 중추도 마비되므로 임상적으로 진해작용을 목적으로 이용되고 있다.
→ 역시 내성으로 다량을 사용하면 호흡 마비가 온다는 말입니다. 헤로인과 펜타닐 같은 모르핀계 마약을 사용하고 나서 많은 사람이 심

---

[*] 생약학교재편찬위원회, 《생약학》, 동명사, p.693 인용.

장 마비와 호흡 마비로 사망하게 되는데, 환각작용이 너무 강해서 이러한 죽음의 문턱까지 사람을 이끈다는 것이 정말 무서운 일입니다.

결국 양귀비, 즉 아편이 이렇게 위험한 약이기 때문에 상비약으로 이것을 키운다는 것은 정말 말도 안 되는 일이었습니다. 지금이야 법적으로 단속하고 있지만 말이죠. 그런데 이렇게 법적으로 관리되고 있는 양귀비가 어떻게 텃밭에 스스로 자라게 되었을까요?

내가 키운 것도 아닌데 왜 단속 대상이 되나요?
양귀비는 다 그런가요?

그것은 양귀비 자체가 온대 지방에서 자생할 정도로 생육 능력이 높기 때문입니다. 어디선가 씨가 날라와 밭에 닿는다면 관리하지 않아도 자라납니다. 꽃이 예쁘고 자주 봤던 품종이 아니라서 한번 자라나면 그냥 두는 경우가 있고, 심지어는 집으로 갖고 오는 예도 있답니다. 이런 경우 괜한 오해를 살 수 있으므로 관상용 식물을 재배하는 분들은 잘 알아둘 필요가 있습니다. 이런 우려는 저만 갖고 있는 게 아니었던 것 같아요. 2023년 6월 22일자 <시사안성>에 "마약류 양귀비, 관상용 양귀비 구별 방법"이라는 내용의 기사가 실리기도 했습니다.

기사에 의하면 '지난 3월부터 현재까지 마약류 범죄를 집중적으로 단속하고 있으며, 마약류 범죄 중 양귀비를 재배해서 마약류 관리에 관한 법률 위반 혐의로 총 35명 검거, 양귀비 총 1,837주를 압수했다'라고 합니다. 기사를 보면서 '마약 양귀비를 키우는 사람이 있어? 대부분 실수로 키운 거 아니야?'라는 제 생각이 틀릴 수도 있겠다는 생각이 들었습니다. 실제로 마약으로 재배하는 사람이 많을 수도 있으니까요.

대검찰청에서 2023년 발간한 《마약류 범죄 백서》에 의하면, 2023년에 검거된 마약 사범 중에서 '마약'에 관련된 사범이 2,551명 중 밀경(密耕)*이 1,613명으로 무려 50%가 넘었습니다. 이런 실정을 보면 제가 오해한 게 맞겠죠? 실정이 이러니 의도치 않았는데, 자기도 모르게 양귀비를 키우면 도매금으로 같이 입건될 수 있는 거예요. 이 점을 꼭 기억해야 합니다.

마약성 양귀비는 꽃, 열매, 줄기 모양 등으로 구분할 수 있습니다. 마약성 양귀비꽃은 검은 반점이 있는 붉은색, 흰색, 분홍색 등 다양하고, 꽃의 열매는 둥글고 크며, 꽃의 줄기는 털이 없이 매끈(털이 조금 나는 경우도 있음)한 특징이 있습니다.

위와 같은 양귀비 구별법을 알고, 다시 기사로 돌아가 경찰청 관계

---

* 허가 없이 남몰래 땅을 일구어 약초나 농작물을 심어 가꾸는 것을 말합니다. - 편집자 주.

자 말을 보겠습니다.

　"최근 제주에서 발견되었던 양귀비 종은 마약성 양귀비와 관상용 양귀비 중간 형태의 특징을 가지고 있는 희귀종도 있어 구분이 어려울 수도 있습니다. 마약성 양귀비처럼 보이는 꽃이 보인다면 바로 112로 신고해주세요."

　당연히 모든 양귀비가 단속 대상은 아닙니다. 아편 알칼로이드(마약 성분)가 검출되지 않은 관상용 양귀비는 재배해도 문제 되지 않아요. 그러므로 텃밭을 갖고 있거나 식물을 주로 키우는 분들이라면 다음 사진을 눈여겨봐주세요.

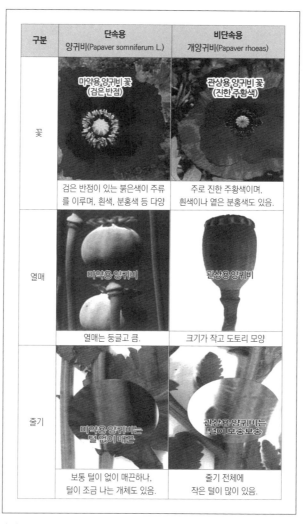

구분	단속용 양귀비(Papaver somniferum L.)	비단속용 개양귀비(Papaver rhoeas)
꽃	마약용 양귀비 꽃 (검은 반점) 검은 반점이 있는 붉은색이 주류를 이루며, 흰색, 분홍색 등 다양	관상용 양귀비 꽃 (진한 주황색) 주로 진한 주황색이며, 흰색이나 옅은 분홍색도 있음.
열매	마약용 양귀비 열매는 둥글고 큼.	관상용양귀비 크기가 작고 도토리 모양
줄기	마약용 양귀비는 털 없이 매끈 보통 털이 없이 매끈하나, 털이 조금 나는 개체도 있음.	관상용 양귀비는 털이 보송보송 줄기 전체에 작은 털이 많이 있음.

마약류 양귀비, 관상용 양귀비 구별 방법 (출처 : 대전경찰청 블로그)

환각을 느끼는 약물은
왜 위험할까요?

쾌락과 환각의 차이는요?

여러분은 클럽과 같은 유흥가에서 초점을 잃은 채 정신없이 춤추는 누군가를 본다면 마약을 떠올릴 수 있을 거예요. 하지만 이럴 때 사용되는 대부분 약물은 '환각제'랍니다. 환각제와 마약은 둘 다 유흥을 위해 사용되는 것은 같지만, 엄연히 다르다는 것을 알아둘 필요가 있어요.

사전적 의미로 살펴보면, 쾌락은 '유쾌하고 즐거움, 또는 그런 느낌, 감성의 만족, 욕망의 충족에서 오는 유쾌하고 즐거운 감정'을 말합니다. 환각은 '감각 기관을 자극하는 외부 자극이 없는데도 마치 어떤 사물이 있는 것처럼 지각함. 또는 그런 지각'입니다. 이렇듯 환각과 쾌락은 비슷할 것 같지만 다른 느낌이지요.

약물을 사용할 때 환각을 느끼지만, 쾌락을 느끼지 못할 수도 있어요. 실제로 환각제를 사용한 다수의 사람은 약물을 사용한 후 불쾌감을 느끼는 경우도 많다고 하네요. 원하지 않은 이상 감각은 오히려 기분을 망칠 수 있지요. 환각제가 모든 사람에게 동일한 효과를 보이지 않는 것도 이런 이유입니다.

중독의 기전은 쾌락입니다

앞서도 이야기했지만, 중독을 일으키는 대부분 약물은 쾌락을 극대화시키는 데 그 효능이 있습니다. 약물에 의해 강하게 유발되는 기쁨은 일상생활에서 얻을 수 없는 느낌이기 때문에 한번 사용하면 약물에서 헤어 나올 수 없는 상태가 되어버립니다. 약물을 사용한 이유가 개인적, 사회적, 집단적 어떤 환경에서 시작되었다고 하더라도, 한 번의 즐거움으로 영원히 벗어날 수 없는 수렁에 빠지는 것이죠.

그 강도가 얼마나 되기에 약물에서 헤어 나오지 못할까요? 쾌락의 정도는 복측피개지역(ventral tegmental area, VTA, 뇌 보상 경로)에서 분비되는 도파민 양으로 측정할 수 있습니다. 한 연구 자료에 의하면 평상시에 비해, 재미있는 게임을 할 때 1.75배, 성행위를 할 때 2배의 도파민이 분비된다고 해요. 메스암페타민(필로폰)을 사용하면 무려 평상시 130배에 달하는 도파민이 분비되지요. 이러니 약물 사용 이후 다른 것에는 흥미를 느낄 수 없는 것입니다. 약물이 그 무엇보다 의존성이 강한 이유지요.

환각은 어디서 느끼게 되나요?

반복하지만, 도파민은 대뇌를 강하게 흥분시키는 약물입니다. 대뇌 흥분제들은 도파민뿐 아니라 노르에피네프린 같은 신경전달물질을 분비하게 되며, 감각을 느끼고 판단하는 대뇌 피질에도 작용하게 됩니다. 대뇌 피질에 작용하는 흥분제들은 과도한 감각을 유발합니다. 과도한 감각이 환각을 만들어내요. 즉, 마약은 쾌락뿐 아니라 환각작용도 있다는 것입니다. 앞서 펜타닐에 대해 언급할 때 작고하신 아버님께서 저승사자를 봤다고 말씀하셨다고 말했는데, 바로 이런 것이 마약에 의한 환각작용입니다. 과도한 뇌신경의 자극은 뇌 기능의 손상으로 이어지죠. 이렇게 뇌를 자극해서 환각을 일으키는 약물들은 모르핀, 펜타닐 등 아편계 약물이나 케타민, 메스암페타민, 펜터민 등 중추신경자극 약물들을 들 수 있습니다.

하지만 마약이 아닌 향정신성 약물 중 환각을 유발하는 것들도 있습니다. 바로 앞서 봤던 본드나 시너 등 뇌신경 전도에 이상을 일으키는 유해 화학물질과 세로토닌 수용체에 작용하는 약물들입니다.

세로토닌에 작용하면 좋은 것 아닌가요?

건강에 조금이라도 관심이 있는 분이라면 세로토닌이라는 말은 꼭 들어보셨을 것입니다. 세로토닌이 부족하면 우울증에 걸린다는 말도 들어보셨을 거예요. 실제로 세로토닌은 인체에서 수면, 꿈을 조절할 뿐 아니라 우울감 등 감정에도 매우 중요한 역할을 합니다. 우울증 치료제는 뇌에서 세로토닌이 잘 작동하도록 만들어주는 약이기도 하고요. 뇌에서 세로토닌이 작동하려면 수용체에 결합해야 하는데요. 뇌에 존재하는 세로토닌 수용체는 지금까지 밝혀진 것만 9종류가 있어요. 이 중 어떤 것은 메스꺼움이나 구토를 유발하는 작용을 하며, 어떤 것은 환각을 유발하는 작용을 한답니다.

환각제로 유명한 LDS(리세르그산 디에틸아미드, 맥각균에서 유래한 물질로 합성)나 디메틸트립타민(DMT, 미모사 등 열대 식물), 필로시빈(환각버섯), 엑스터시(MDMA, MethyleneDioxyMethAmphetamine) 등이 환각을 유발하는 수용체에 작용하는 대표적 약물입니다. 특히 LSD나 엑스터시의 경우 도파민 수용체에 작용하거나 흥분성 신경전달물질 작용에 관여하기 때문에 사용하면 쾌락과 환각을 동시에 경험하게 돼요. LSD나 엑스터시가 유흥을 즐기는 클럽 등에서 많이 사용되는 것은 이러한 복합 효과 때문입니다. 그뿐만 아니라 더 강렬한 자극을 원하는 사람들은 여러 종류의 흥분제와 환각제를 섞어 사용하기 때문에 더욱 문제가 심각해집니다.

환각을 느끼는 약물의 위험성

환각을 느끼는 약물이 왜 위험할까요? 저는 3가지 정도로 말하고 싶어요.

첫째, 사고 위험성이 매우 커집니다. 환각제를 사용하면 기본적으로 흥분을 바탕으로 하므로 공격적 성향을 띱니다. 실제로 있지 않은 것을 보거나 듣게 되면서 다른 사람을 공격하는 경우들도 많아요. 주변에 있는 물건들이 자신을 공격한다며 파손시키는 경우도 있죠. 자신에 대한 왜곡된 생각을 하게 되면서 문제가 발생하기도 합니다. 자신이 천사나 악마, 또는 초능력자가 되었다고 생각해서 높은 곳에서 뛰어내린다거나 도로나 건물 사이를 뛰어다니는 행동을 하기도 합니다. 문제는 LSD 같은 약물은 사용한 당시에만 나타나는 것이 아니라 약물을 사용하지 않는 동안에도 환각, 환청이 생기는 플래시백(Flash-back)이 나타난다는 것입니다. 당연히 사고의 위험성 또한 높아질 수밖에 없어요.

둘째, 약물에 의존하고 일상생활이 망가집니다. 환각제는 의존성 발생 경향이 높지는 않아요. 하지만 이것은 육체적 의존성에 관한 이야기입니다. 정신적으로 의존성이 유발되면 중단하기 매우 어려운데, 담배를 생각해보면 쉽게 이해되겠죠. 환각제를 사용하고 난 뒤 현실을 벗어나거나, 환각으로 인해 성행위 등의 쾌감이 극대화되면, 결국 약을 끊지 못하고 지속적으로 사용하는 중독자가 되기 쉽습니다. 환각제도 내성이 발생하는데, 환각제 남용으로 인한 뇌 세포의 손상 및 신체 손상도 이어지게 되죠.

셋째, 다른 중독성 약물 사용에 대한 허들이 낮아집니다. 환각 약물을 사용하면 약물에 의존해서 일상을 탈피하려는 행동이 쉬워집니다. 더불어 이런 약물을 사용하는 무리는 다른 약물들도 사용하는 경우가 많아요. 이 때문에 약물 사용에 대한 거부감이 줄어들 수 있죠. 또 환각효과를 증대하기 위해 다른 흥분제나 억제제 등을 섞어 사용하는 경우가 흔합니다. 술(알코올)을 먹으면서 엑스터시와 케타민을 혼합해서 투여하는 것은 익히 알려져 있어요. 결국 환각제를 사용한 후 정신, 신체적 의존성이 강한 마약까지 손을 대서 일상이 완전히 파괴되어버리는 것입니다.

어릴수록 위험합니다

환각제 남용은 주로 유흥에 빠지기 쉬운 청소년과 20~30대 청년층이 많습니다. 청소년은 본드 등 유해물질을, 20~30대는 일반 약물을 사용하는 것으로 조사되기도 했어요. 이들은 약물 중독에 대한 부정적 인식이 있지만, 환각제 등을 사용하고 나면 기분이 좋아지고, 스트레스가 완화될 것이라는 긍정적 인식도 있어 약물에 대한 양가적 의식이 있다고 합니다. 특히 약물을 사용해본 사람의 경우 약물 남용에 대한 관대한 태도를 보이며, 지인에게 사용을 권하거나 투여한 적도 있다고 하네요. 더군다나 청소년과 젊은 층의 경우 사회적 관계를 중시하고, 집단에 소속하고 싶은 욕망이 강하기 때문에 약물 유혹에 쉽게 빠질 수 있습니다.

환각제와 같은 약물은 뇌신경에 작용해서 손상을 유발하는데, 청소년기에는 그 손상이 치명적일 수 있습니다. 그러므로 나이가 어릴수록 환각제 및 남용 가능 약물에 대한 보다 정확한 지식 함양과 대비가 절실히 필요할 것으로 생각됩니다.

대마,
무엇이 문제일까요?

자유로운 해외여행이 가능해진 시기

2019년 12월부터 시작된 코로나-19는 우리 삶의 많은 부분을 바꿔 놓았습니다. 그중에서 나라 간에 이동이 어려워지면서 해외여행이 급감하게 되었어요. 많은 여행사나 관광업으로 소득을 유지했던 나라들은, 팬데믹 기간 동안 매우 힘든 시간을 견뎌내야만 했습니다.

그래서 그랬을까요? 코로나-19(COVID-19)가 끝난 뒤 해외여행 양상은 유행병 기간에 가지 못한 만큼 보상 소비 형태로 활발하게 일어나고 있습니다. 2023년 상반기 해외여행객은 993만 명으로 코로나-19가 발생하기 전(2019년 상반기)에 비해 66%까지 회복되었다고 합니다. 지금은 아마도 거의 코로나-19 전 수준으로 돌아가지 않았을까 싶습니다. 정말 많은 사람이 해외로 나가고 있는 것이죠. 이런 현상은 비단 우리나라뿐 아니라 전 세계적으로 나타나고 있는데요. 관광객이 급증한 유럽에서는 심지어 여행을 오지 말라는 볼멘소리가 나올 정도라고 하니까요. 우리나라 해외여행객들은 다른 곳보다 거리가 가깝고, 물가가 저렴한 아시아 국가들을 방문할 기회가 많아요. 그중에서도 베트남이나 태국, 캄보디아 등은 가장 인기 있는 여행지라고 볼 수 있지요. 특히 태국 여행 상승세가 무서운데, 베트남에 이어 3위를 차지했을 정도입니다. 하지만 태국 해외여행을 갈 때 반드시 알아둬야 할 것이 있습니다. 마약류에 관해서는 더욱더 그렇습니다.

태국, 아시아 최초로 대마초가 합법화된 나라

태국은 농업과 관광업을 활성화하기 위해 2022년 6월에 대마초 사용을 합법화했습니다. 산업을 활성화하기 위해 중독성 약물을 마음대로 사용할 수 있게 했다니 정말 어처구니가 없네요. 일부 미국 등 서구권에서 합법으로 풀어준 경우들이 있지만, 아시아 국가 중에서는 태국이 최초입니다. 의료와 요리에 대마를 사용하는 것을 합법화한 것인데, 이 때문에 태국 여행을 갈 때 매우 주의해야 할 필요가 있는 것입니다.

일단 태국에 여행을 간다면 대마 표기에 익숙해질 필요가 있습니다. 음식점에 'Cannabis'라는 문구가 있거나 다음 사진과 같은 '대마 잎' 표시가 있다면, 대마가 함유된 음식을 판매하고 있는 곳입니다.

대마

하지만 '나도 모르는 사이 대마가 포함된 음식을 먹을 수 있지 않을까?' 하는 걱정은 하지 않아도 될 것 같습니다. 대마를 몰래 음식에 넣어 먹을 가능성은 매우 적기 때문입니다. 대마 자체가 가격이 저렴하지 않은 데다 대마가 포함된 음식인 것을 홍보하는 것이 더 유리하기 때문입니다. 즉, 관광객 스스로가 조심하면 큰 문제가 되지 않아요.

우리나라는 대마 사용에 대해 마약류 관리에 관한 법률로 엄격하게 관리하고 있습니다. 나도 모르게 대마를 먹었다고 하더라도 마약류 검사에서 양성이 나오면 '마약 사범'이 될 수 있으니 매우 주의해야 합니다. 가장 최선은 개인이 알아서 대마를 피하는 것이겠죠?

대마초=마리화나, 더욱 큰 문제는 액상 대마!

마리화나는 대마초를 말합니다. 마리화나, 대마초 하면 담배처럼 가루를 불에 태우는 것만 생각하기 쉽습니다. 하지만 최근에는 대마 효과를 낼 수 있는 합성 물질인 액상 대마가 나와 있기도 합니다. 이것은 전자 담배처럼 사용할 수 있어요. 형태가 전자 담배와 비슷해서 구분되지 않다 보니 다양한 곳에 퍼져 있는 현실입니다. 액상 대마의 더욱 큰 문제는 다른 마약류와 섞어 사용한다는 점입니다. 케타민 등 환각제와 같이 사용하면 그 폐해가 더욱 커질 수 있습니다.

얼마 전에 액상 대마를 군부대에서 피우다가 검찰에 넘겨진 병사가 있기도 했으며, 2024년 6월 5일에 액상 대마를 전자 담배로 속여 판매하고 투약한 일당이 검거되기도 했는데, 이들 중에는 중학생도 있었다고 하네요. 정말 큰일입니다. 이처럼 대마초는 다양한 형태가 나오고, 담배처럼 피우는 형태기 때문에 흡연을 하는 사람에게 쉽게 권해질 수 있습니다. 주로 기분이 좋아지는 담배라는 말로 유혹한다면, 대마를 의심해봐야 합니다.

대마를 왜 사용할까요?

대마를 사용하는 이유는 기분이 좋아지는 작용 때문입니다. 클럽이나 술을 먹는 공간에서 집단으로 사용하기도 하는데, 이때도 역시 분위기를 띄우기 위한 용도지요. 대마는 호기심에 집단으로 사용하거나 흡연하는 사람의 경우 속아서 사용하게 됩니다. 특히 합법적인 나라가 있다는 말로 선동하며, 군중심리를 이용해 죄책감을 최소로 줄여 사용을 유도하기도 합니다.

대마, 즉 마리화나를 사용하면 THC(테트라하이드로카나비놀)가 칸나비노사이드 수용체1(cannabinoid receptor1, CB1)에 작용해서 환각증상을 일으키는데요. 최근 의료용으로 사용되고 있는 CBD(칸나비디올)는 칸나비노사이드 수용체2(cannabinoid receptor2, CB2)에 작용하기 때문에 환각작용이 나타나지 않습니다. 이렇게 CB1에 약물이 작용하면 일단, 기분이 매우 좋아집니다. 행복감이 상승한다고 하는데, 담배처럼 생긴 것 등을 태우면서 괜스레 기분이 좋은 모습을 보인다면 의심해볼 필요가 있습니다. 걱정이 없어지는 것도 독특한 특징이죠. 나른한 느낌이 나며 행동 조절이 잘 안 됩니다. 그러니 활동하지 않으려고 합니다. 뭔가 늘어져 있지만 그냥 기분이 좋아 보입니다. 그 외에도 눈의 충혈이나 입이 말라서 물을 자꾸 찾으며 맥박이 빨라지기도 합니다.

하지만 대마를 지속적으로 남용하게 되면 대마 사용 질환이 생긴다고 합니다. 감기에 자주 걸리고 만성적인 기침, 천식 등이 유발되며, 기억력이 떨어지고 불안감이 늘며 우울증, 공황 상태가 나타나기도 해요. 고혈압이나 심장 질환이 나타나기도 합니다.

대마 역시 중독 이후 금단증상이 있지요. 잠을 잘 이루지 못하고 악몽을 꿉니다. 신경질적이 되고, 매우 예민해지며, 식욕이 없어 잘 먹지 않고, 체중이 줄어들 수 있어요. 불안감이 심하며 원인 모를 통증, 흔들림, 땀이 나는 경우도 있습니다. 이런 금단증상 때문에 결국 다시 약을 찾는 악순환이 반복되는 것입니다.

대마를 금지해야 하는 이유는 무엇일까요?

대마가 담배나 알코올보다 중독성과 의존성이 낮다는 연구도 있으므로 혹자는 합법적으로 허용해야 한다고 주장하기도 합니다. 하지만 제 생각은 다릅니다. 대마의 가장 큰 문제점은 바로 환각작용과 정신적 의존성이 있다는 것입니다. 대마로 인해 발생하는 환각작용은 대부분 행복감이나 다행감으로 표출되는데, 이는 다른 생활에 흥미를 잃게 만들며, 삶의 연속성을 파괴할 수 있어요.

중독성 약물의 문제점 중 하나는 바로 약물에 의존하게 만들어 약이 없이는 삶을 지속하지 못하도록 만듭니다. 또 하나의 중독성 약물은 다른 중독성 약물을 사용하게 만든다는 것도 문제지요. 특히 보다 강력한 환각작용을 일으키는 약물들을 사용하게 되면서 중독, 의존성과 신체적 부작용도 더 심각해질 우려가 있습니다. 따라서 대마 하나만을 놓고 볼 것이 아니라 중독성 약물에 사회적 인식 전체를 놓고 볼 때, 정신 신경계에 작용하는 약물들에 대한 규제는 더 강화해야 한다고 생각합니다.

마약류 범죄는
호시탐탐 나를 노리고 있습니다

저는 최근 학생들에게 반드시 교육하는 것이 있습니다

저는 마그미 약사로서 학생들을 대상으로 마약류 교육을 지속적으로 나가고 있습니다. 마그미 약사는 한국마약퇴치운동본부에 소속된 약사로 '마약을 막는 사람들 중 약사'라는 뜻이며, 1992년 한국마약퇴치운동본부 설립 이래로 꾸준히 마약류에 대한 경각심을 알리며 예방 교육 강사로 활동 중입니다.

당연히 학생들을 대상으로 하다 보니 마약에 대한 정의부터 중독이 되는 기전, 사후 처벌까지 모두 교육 범위에 들어갑니다. 그런데 최근 추가한 부분이 있는데요. 그것은 바로 인지하지 못한 상태에서 마약에 접하게 되는 상황에 대한 것입니다. 이제 대한민국에서도 이런 교육을 해야 한다는 것 자체가 정말 개탄스럽지만, 현실은 현실이죠. 사후약방문(死後藥方文)은 안 될 말입니다.

나도 모르게 당하는 마약류 범죄

일단 학생들에게 가장 먼저 말하는 것은 바로 모르는 사람이 주는 먹거리는 절대 피하라고 말해줍니다. 특히 음료수의 경우에는 극히 주의해야 할 부분입니다.

2023년 4월에 강남구 학원가에서 필로폰이 섞인 음료수를 학생들에게 나눠 준 일이 있었어요. 이들은 아이들이 먹은 음료수에 마약이 들어 있었다며, 부모들을 협박하는 범죄를 저질렀죠. 그 뒤 학원가에는 모르는 사람이 나눠주는 음료와 간식을 받지 말라는 안내문이 붙기도 했어요. 이처럼 대부분 마약류는 소량 사용하는 데다, 색깔이 없으므로 음료 등에 섞는 경우 구분하는 것이 불가능합니다. 음료수뿐 아니라 껍질을 개봉한 뒤 다시 포장이 가능한 사탕 등도 범죄에 악용될 수 있지요. 요구르트처럼 알루미늄 뚜껑이 있는 경우에도 미세한 바늘 등을 이용해서 마약류를 혼입할 수 있어 주의해야 합니다. 서글프지만 길을 가다 혹시나 모르는 사람이 특정 이유로 제공하는 다양한 먹거리는 사양해야 한다는 말입니다. 만일에 일어날지도 모르는 일 때문이라도요.

학생 때는 갈 일이 없겠지만, 성인이 되어서 맞닥트릴 수 있는 상황도 미리 언급해줍니다. 특히 술을 마시거나 춤을 추러 가는 곳이 범죄 장소가 될 가능성이 높지요. 지인과 함께 가지 않는 바의 경우 술잔에 마약류를 묻혀 복용하게 하거나, 클럽 같은 곳에서 사탕과 유사한 형태로 만들어진 엑스터시 같은 것을 의식하지 못하고 먹게 만드는 예도 있습니다. 이뿐만 아니라 액상 대마의 경우 기분이 좋아지는 담배라며 속이고 권하기도 하지요.

이 모든 경우는 내가 미리 알고 있지 않으면 당하기 쉽습니다. 설사 알고 있다고 하더라도 조금만 경계를 풀면 바로 위험에 노출될 수 있어서 기회가 있을 때마다 반복적으로 교육을 하는 것이 중요하다고 생각해요.

흥분을 유발하거나, 정신을 잃게 하거나

그런데 마약류를 악용하는 범죄자들은 왜 이런 행동을 하는 것일까요? 너무 당연하지만, 마약에 중독되게 하기 위해서일 것입니다. 단, 이들은 처음부터 마약이라는 말을 절대 하지 않습니다. 당연히 마약이라고 하면 웬만하면 손대지 않으려 할 테니까요. 마약에 노출된 피해자들은 약물에 의해 흥분이 된다거나 편안한 마음을 갖게 되는데요. 이것이 마약 때문일 거라는 생각은 꿈에도 하지 못한 채, 장소에 대한 좋은 기억을 갖게 됩니다. 그래서 그 장소를 반복적으로 찾다가 결국에는 약물에 중독되어버리는 것입니다! 이미 중독된 뒤에는 후회해도 소용없다는 것을 알아야 합니다. 어디에서 무엇을 먹었는데 갑자기 너무 기분이 좋다거나 마음이 편안해지는 등 감정적 변화가 극심하게 온다면, 무조건 의심해볼 필요가 있습니다.

그뿐만 아니라 마약류는 범죄에 악용되는 경우도 자주 등장합니다. '물뽕'으로 알려져 있는 GHB(감마하이드로시부틸레이트)의 경우가 대표적인데요. 무색이며, 특별한 맛이 있지 않기 때문에 음료 등에 섞으면 알아채기 어렵습니다. 이런 특징 때문에 GHB가 섞여 있는지, 어떤지 피해자가 알아채기 어렵습니다. GHB는 강력한 신경 억제 약물로 수면 진정 효과가 있어요. 복용 후 대부분 기억을 잃게 되는데요. 정신을 잃기 전에, 마치 술을 먹고 필름이 끊기는 것처럼 신체 활동이 가능합니다. 이 때문에 가해자들의 범죄 행위를 감추기 위한 알리바이로 악용되기도 했어요. 예전에 재미있게 봤던 SBS 드라마 <모범택시>에서 이 약물이 적나라하게 묘사되기도 했죠. 대부분 가해자는 성범죄를 일으키기 위해 GHB를 사용했기 때문에, GHB는 '데이트 강간 약물'이라는 명칭이 붙어 있기도 합니다. 하지만 이런 약물은 GHB만이 아닙니다. 체내에서 GBH로 대사되는 GBL(감마부티로락톤), 케타민, 졸피뎀 등도 역시 이런 용도로 사용되는 마약류들이에요. 그리고 앞으로도 엄청나게 빠르게 만들어져 나올 것입니다. 전 세계적으로 매년 수백 종의 신종 마약이 만들어지고 있다고 하니까요.

선의의 제공자가 있더라도 보다 철저하게 교육해야 합니다

문제는 가해자들이 작정하고 약물을 사용하려 한다면 피해자가 알길이 없다는 것입니다. 물론 마약류 검출 키트가 개발되어 있기는 하지만, 다른 사람과 대면하는 자리에서 사용하기는 어려울 수밖에 없죠. 거기에 신종 마약은 기존 키트로 검출되지 않는 경우도 많답니다.

범죄에 악용되는 마약류 유통에 대한 철저한 관리와 단속이 가장 우선되어야 하겠지만, 결국 나 자신을 스스로 보호할 수 있으려면 위험에 노출될 수 있는 다양한 상황에 대해 많이 알고 있는 것이 중요하겠습니다. 마약류에 노출될 수 있는 상황에 대한 많은 정보와 사용 후 발생할 수 있는 피해에 대한 많은 정보를 미리 알고 있을수록 더 큰 피해를 막을 수 있다는 것이죠. 결국 양의 탈을 쓴 늑대들로부터 본인을 보호하려면 어떤 경우에 늑대가 나타나는지, 그리고 그 늑대들의 행동은 어떤지 등에 대한 철저한 사전 지식으로 무장되어 있어야 합니다.

만약 마약류에 노출된 것으로 판단된다면, 그 즉시 경찰에 신고하는 것도 중요합니다. 마약 범죄의 특성상 성범죄 등과 연관된 경우가 많아 피해 사실을 숨기려고 하는 경우가 많은데, 이때 반드시 신고해야 가해자를 신속하게 검거할 수 있습니다. 만약 감추려 한다면 본인에게 2차 가해, 또는 다른 피해자가 생기는 것을 방조하는 행위가 될 수 있어요.

마약류를 사용하게 되었다면 마약 사범이 될 것으로 생각해서 당황스럽고 두려울 수밖에 없습니다. 마약류를 모르고 사용했고, 성범죄 등의 피해자가 되었다고 하더라도, 피의자 신분이 되는 것은 맞으니까요. 하지만 조기에 신고한다면 고의성을 따져 법적 처벌을 피할 수 있답니다.

마약류에 대한 범죄율이 증가하고 있는 시점에서 더 많은 정보와 교육이 제공되어야 할 것입니다. 나 자신과 사랑하는 사람들을 약물로부터 보호하기 위해서는 정확하고 많은 정보를 사전에 습득하고 있어야만 해요. 반복해서 말하지만, 마약류에 대해서는 그 무엇보다 예방 교육이 중요합니다. 이미 마약류에 노출된 뇌는 그 기억을 절대 잊지 않기 때문이에요.

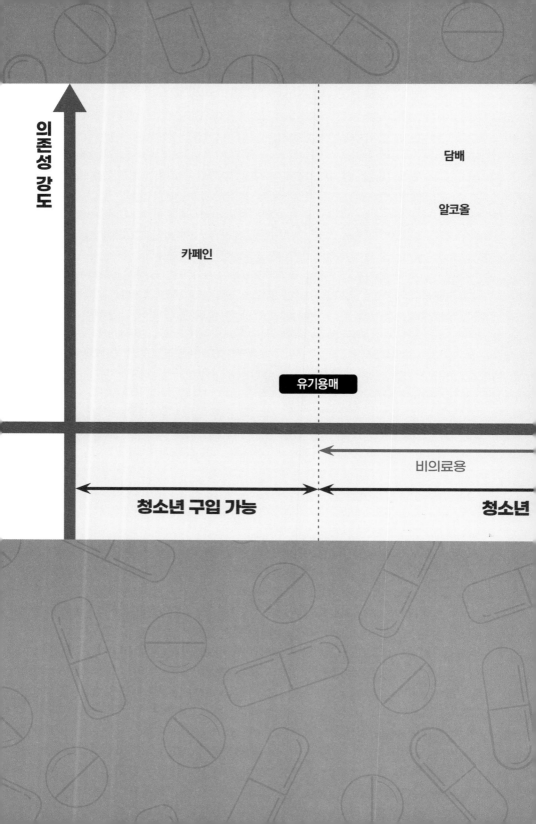

헤로인(디아세틸모르핀)
필로폰(메스암페타민, 흥분)
코카인

● 마약
● 향정신성 의약품
● 대마
● 유해화학물질(환각물질)
● 기타 중독성 물질

메타돈(마약성진통제)
바비튜레이트(억제)

벤조디아제핀(억제)
암페타민(흥분)
케타민(억제)
대마초
메틸페니데이트(흥분)

LSD(리세르그산 디에틸아미드)
GHB(억제)
엑스터시(메틸렌디옥시 메스암페타민/MDMA, 흥분)
카트(케치논, 흥분)

아산화질소

의료용

구입 불가

전 연령 구입 불가

Chapter 4
마약, 이제는 정말
끊어내야 할 때입니다

약을 인터넷으로 사고팔면 안 됩니다!

편리함을 추구하는 시대, 의약품은 예외라고?

지난 코로나-19 시기에 가장 크게 성장한 산업을 꼽자면, 아마도 '음식 배달 산업' 분야일 것입니다. 음식 서비스 온라인 쇼핑 거래액은 2017년 약 2조 7,000억 원에서 2021년 약 25조 6,000억 원으로 약 10배 성장한 것으로 나타났는데요. 실로 어마어마한 성장이 아닐 수 없어요. 저도 약국에서 배달앱을 통해 음식을 자주 시켜 먹는데요. 정말 세상에 파는 모든 음식이 스마트폰 속 '배달앱' 안에 들어 있다고 해도 과언이 아닐 것입니다.

스마트폰은 마치 《서유기》 속 삼장법사 손바닥과 같이 온 세상을 다 담고 있는 듯합니다. 많은 사람이 배달 서비스를 사용하는 이유는 아마도 '편리성' 때문일 것인데요. 음식은 바로 해서 먹는 것이 당연히 제일 맛있죠. 배달시켜 먹으면 아무래도 그 맛이 덜할 수밖에 없어요. 음식을 포장하기 위해 버려지는 쓰레기도 많습니다. 환경오염에 대한 부담감도 있겠죠.

이렇듯 맛이 좀 덜하고 마음이 불편할지라도, 이동 시간을 버리지 않고 집에서 편하게 음식을 먹는 것. 그 편리성이 결국 음식 배달 산업을 성장시킨 동력이 되었습니다. 처음에는 치킨이나 자장면, 피자, 야식 정도를 주문해서 먹던 것이 코로나-19 방역 정책과 함께 전 메뉴로 확산되었고, 이제는 배달앱 없는 과거로 다시 돌아갈 수 없을 것 같아요. 물론 배달비 가격이 많이 오르고, 코로나-19 방역이 풀리면서 배달앱 사용도 좀 줄기도 했지만, 그래도 음식점 운영을 하면서 '배달'은 이제 빼놓을 수 없는 경영 방식 중 하나가 되어버렸을 정도입니다.

이렇게 배달을 시키는 분야는 음식만이 아닙니다. 우리가 필요한 모든 분야에 해당하고 있어요. 심지어 자동차도 온라인 주문을 하잖아요? 그런데도 온라인 쇼핑이 허용되지 않는 분야가 있으니 바로 '의약품'류가 되겠습니다. 의약품은 왜 예외일까요? 이를 이해하기 위해서 의약품에 대해 보다 정확히 알 필요가 있습니다.

의약품에 대해 정확히 알아봅시다

사람들이 불건강을 해소하기 위해서 복용하는 것은 크게 '의약품'

과 '건강기능식품'으로 나눠볼 수 있습니다. 그중에서 '건강기능식품' 은 영업점을 갖추고 판매자 등록, 일정 교육을 수료하면 누구나 판매 할 수 있어요. 당연히 인터넷 판매도 가능합니다. 최근에는 선물 받은 '건강기능식품'을 개봉하지 않았다면, 개인 간 '온라인 재판매(중고 거 래)'도 가능해졌어요.

　그러면 의약품은 어떨까요?

　먼저 의약품의 정의부터 같이 보고 이야기해보면 좋겠습니다. '약 사법 제2조 4항'을 같이 살펴보지요.

> **약사법**
> **제2조(정의)**
> 4. "의약품"이란 다음 각 목의 어느 하나에 해당하는 물품을 말한다.
>   가. 대한민국약전(大韓民國藥典)에 실린 물품 중 의약외품이 아닌 것.
>   나. 사람이나 동물의 질병을 진단·치료·경감·처치 또는 예방할 목적으로 사
>   용하는 물품 중 기구·기계 또는 장치가 아닌 것.
>   다. 사람이나 동물의 구조와 기능에 약리학적(藥理學的) 영향을 줄 목적으로
>   사용하는 물품 중 기구·기계 또는 장치가 아닌 것.

　법을 보니 굉장히 좀 어렵고, 불친절한 느낌이네요. 각 내용을 모르 면 해석이 어렵습니다. 일단 몇 가지 전문 용어부터 살펴볼게요.

1. 약전(藥典)

약전은 국가 또는 국가가 공인한 기관 등에서 제정한 의약품에 대한 규격서입니다. 약전의 목적은 '의약품 등의 성질과 상태, 품질 및 저장 방법 등과 그 밖에 필요한 기준에 대한 세부사항(이하 '세부사항'이라고 한다)을 정함'으로 두고 있어요. 즉, 약전에는 한국에서 사용되고 있는 의약품뿐 아니라 의약외품까지 총망라한 사전이라고 보면 됩니다.

2. 의약외품

의약외품은 다음에 속하는 것들입니다.

약사법
제2조(정의)
7. "의약외품(醫藥外品)"이란 다음 각 목의 어느 하나에 해당하는 물품(제4호 나목 또는 다목에 따른 목적으로 사용되는 물품은 제외한다)으로서 식품의약품안전처장이 지정하는 것을 말한다.
  가. 사람이나 동물의 질병을 치료·경감(輕減)·처치 또는 예방할 목적으로 사용되는 섬유·고무제품 또는 이와 유사한 것
  나. 인체에 대한 작용이 약하거나 인체에 직접 작용하지 아니하며, 기구 또는 기계가 아닌 것과 이와 유사한 것
  다. 감염병 예방을 위하여 살균·살충 및 이와 유사한 용도로 사용되는 제제

다소 어려워 보이지만 과산화수소수, 알코올과 같은 소독약, 살충제 등이 의약외품에 속하고요. 의약외품은 온라인 판매가 가능합니다.

그러면, 이제 약사법에 나와 있는 의약품 정의를 다시 해석해볼게요.

의약품이란 '대한민국약전에 실린 물품 중 소독약(포비돈과 같은 소독약은 제외)이나 살충제 같은 것을 제외하고 진단·치료·경감·처치 또는 예방할 목적으로 사용하는 물품인데, 이것은 사람이나 동물의 구조와 기능에 약리학적(藥理學的) 영향을 줄 목적으로 사용하는 물품'입니다. 이런 것 중에서 기구나 기계, 장치, 재료, 소프트웨어 또는 이와 유사한 제품은 '의료기기'라고 부릅니다.

여기서 의약품이 온라인 판매가 안 되는 이유가 명확해집니다. 의약품의 경우 질병을 진단하고, 치료 등의 목적이 있으므로 질병에 대한 전문 지식을 갖고 있는 사람이 사용해야 하는 것입니다(예를 들어 소독약만 보더라도 이 분류가 얼마나 엄격한지를 알 수 있는데요. 같은 소독약이라도 요오드가 들어간 포비돈은 영유아나, 임산부, 갑상선 질환자, 넓은 상처 부위에 잘못 사용하면 갑상선 기능에 문제를 일으킬 수 있어서 일반의약품으로 분류되어 있답니다). 따라서 잘못 사용하면 질병을 오진하거나 치료 시기를 놓치는 상황이 발생할 수 있고, 이는 국민건강에 지대한 영향을 끼칠 수 있지요. 그리고 의약품의 경우 신체 구조와 기능에 영향을 직접적으로 주는 물품이기 때문에 전문가의 코칭 없이 사용했을 때 오남용이 발생하기 매우 쉽다는 것도 매우 큰 문제입니다.

이런 이유로 대한민국 정부에서는 편의성을 추구했을 때 발생하는 국민 편익보다 건강을 해치는 불이익이 더 크다고 판단하고 있어서 원천적으로 대면 판매를 금지하고 있는 거예요.

의약품이 온라인 판매 걱정되는 부분은?

'그럼 위험한 약을 제외하고 온라인 판매하면 되는 것 아닌가요?'

이 글을 읽는 여러분 중에서는 이렇게 생각하는 분들도 있을 텐데요. 하지만 의약품은 위험과 안전 경계가 모호하다는 데 문제가 있습니다.

잘 생각해보세요.

우리가 쉽게 사 먹는 아세트아미노펜(타이레놀)을 보면, 포장 단위가 500mg은 10정/30정, 650mg 이알 서방정은 6정으로 되어 있습니다. 이처럼 처방 단위가 적게 되어 있는 것은 약의 과잉 소비를 줄이기 위해서인데요. 특히 650mg의 경우 1일 6알이 최대 복용량이기 때문에, 포장 단위를 그에 딱 맞춘 것입니다. 타이레놀을 1일 4,000mg을 넘게 복용하면 급성 간독성이 올 수 있기 때문이에요.

감기약은 어떤가요? 감기약에 들어 있는 교감신경 흥분제의 경우 과량 복용하면 가볍게는 불면이나 두통을 유발하며, 심하면 혈압 상승이나 심장에 무리를 줄 수 있습니다. 전립선 비대증이 있는 경우 증상을 악화시키기도 해요. 실제로 약국에 방문하셨던 몇몇 환자분들 중 감기약을 드시고 소변이 잘 안 나와서 고생했다고 호소한 분들도 계셨답니다. 일반의약품의 경우 상용량을 지키면 대부분 문제가 없지만, 오용하는 경우 몸에 큰 해를 끼치게 됩니다.

이뿐만이 아닙니다. 덱스트로메트로판과 같은 기침약의 경우 과량 복용하면 환각작용을 일으킬 수 있고, 슈도에페드린의 경우 필로폰을 만드는 원료로 사용될 수도 있어요. 의약품 남용으로 개인뿐 아니라 사회적으로도 문제를 일으킬 수 있는 것입니다.

사실 약물 오남용이나 마약류 강의를 하고, 글을 쓰면서 가장 걱정하는 부분은 바로 의약품 남용에 대한 것입니다. 온라인 판매의 큰 문제는 누가 무엇 때문에 구입하는지 알 수가 없다는 것이지요. 특히 남용될 수 있는 약들의 경우 제한할 수 있는 장치가 없습니다. 판매처 수량 제한을 한다고 해도 여러 판매처에서 구입하면 그만이니까요. 앞서 이야기했던 것 중에 중학생 2명이 일본 감기약을 온라인으로 구매해 과량 복용했던 사건이 있었잖아요? 이게 CCTV에 찍혔기 때문에 알려진 것이지, 보이지 않는 곳에서는 어떤 일들이 일어나는지 전혀 알 수 없습니다. 콧물 코막힘, 가래에 사용하는 슈도에페드린으로 필로폰을 불법 제조한 경우는 심심치 않고, 언론에 보도되는 내용이기도 하고요.

그럼 대면 판매는 이런 부작용을 막을 수 있을까요? 아예 막지는 못하더라도 최소한의 안전장치는 될 수 있습니다. 슈도에페드린 고함량 제제는 약국을 통해서만 판매되는데요. 관계 당국에서 문제가 있다고 판단이 되는 의약품은 약국에서 판매 제한을 둘 수 있도록 지도할 수 있다는 것이죠. 실제로 슈도에페드린이 다량으로 들어간 '액티피드' 같은 제품은 소량 포장으로만 판매하도록 지도한 사례가 대표적입니다.

편리보다는 중요시해야 하는 것, 바로 안전입니다

스마트폰과 AI 시대.

분명 21세기 인간은 그전과는 완연하게 다른 편리함과 신속함을 갖게 되었습니다. 인간은 불편한 것이 있으면 편하게, 느린 것이 있으면 빠르게 만들기 위해 수없이 많은 발명품을 만들어왔지요. 하지만 편리하고 신속한 것만 꼭 좋은 것은 아닙니다. 때로는 불편하더라도 반드시 누군가의 점검이 필요한 것들이 있어요. 그중 하나가 의약품의 사용일 것입니다.

의약품은 신체적·정신적 영향을 크게 미치는 물질이기 때문에 철저한 관리가 중요합니다. 더군다나 요즘처럼 남녀노소 누구나 온라인으로 쉽게 물건을 구입하는 시대에는 '안전'이 더욱 중요시됩니다. 지금은 불편하다고 생각해서, 좀 더 편한 방법을 생각할 수 있지만, 그것에서 만들어지는 유해성을 감당하기 어려울 수 있습니다. 특히 의약품은 말이죠. 한번 편리함에 노출되면 다시 불편함으로 되돌리는 데는 엄청난 사회적 비용이 들 수 있다는 점을 기억했으면 좋겠습니다.

마약류 사용 위반 시
처벌은 어떻게 받을까요?[*]

마약 사범은 일반 범죄자와 조금 다른 과정을 거칩니다

저는 지금까지 여러분들에게 마약류에 관한 많은 이야기를 해드렸습니다. 그런데 아마도 이쯤에서 궁금한 점이 생겼을 거예요. 도대체 마약류 사용을 어기면 어떤 처벌을 받을까요?

법에 대해서 잘 모르면 무서울 수밖에 없겠죠. 지금부터는 '마약류 관리에 관한 법률'에 나와 있는 처벌 조항 중에서 여러분들에게 도움이 될 만한 것을 정리해서 알려드리도록 하겠습니다.

---

[*] 이 장은 경기도 마약퇴치운동본부에서 오랫동안 활동하시며 본부장을 역임한 이정근 약사님께서 교정 및 검토를 해주셨습니다. 다시 한번 감사 말씀드립니다.

우선 마약류 범죄 단속은 어떻게 이뤄지는지 살펴보는 것이 좋을 것 같아요.

　마약류의 경우에는 처벌의 과정이 일반적인 범죄와 약간 다른 형태로 진행됩니다. 즉 무조건적인 처벌보다는 중독이라는 관점에서 교육과 치료의 과정을 병행해서 본인의 일탈행위에 대해 제대로 인식하고, 다시금 사회로 안전하게 복귀할 수 있게 도와주는 사법 시스템이 작동됩니다. 물론 이것도 마약 범죄의 형태 등에 따라 다를 수는 있겠죠.

　다음 그림과 함께 자세하게 설명드리겠습니다.

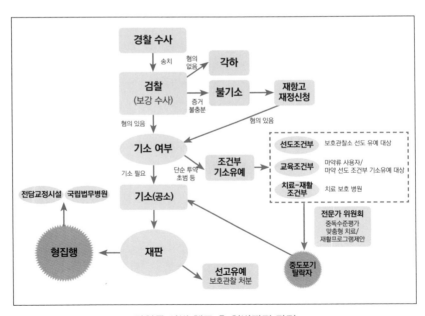

마약류 사범 체포 후 처벌까지 과정

국내 마약류 범죄에 대한 수사와 단속은 경찰과 검찰에 의해 이뤄집니다. 물론 국가안보와 관련된 중대한 사건이나 국제범죄와 연루된 경우에는 국정원이나 관세청, 그리고 인터폴이 개입되기도 합니다.

일반적인 범죄의 경우 신고 또는 첩보를 통해 경찰에서 사건을 인지하게 되면 수사를 개시하게 되고, 수사가 마무리되면 그 수사 기록과 증거물을 검찰에 넘기는데 이 절차를 '송치'라고 합니다. 검찰은 경찰로부터 송치된 사건을 검토한 후 필요에 따라 보강수사를 진행해서 기소 여부를 결정합니다. 검사가 사건 피의자에 대해 공소를 제기하지 않는 것을 '불기소 처분'이라고 하는데요. 불기소 처분은 각하(수사가 필요 없음), 혐의 없음(증거 불충분), 기소 유예(혐의는 입증되나 재판으로 넘기진 않음)를 말합니다.

검사에 의해 기소되면, 피의자는 피고인 신분으로 법원에서 재판을 받습니다. 재판에서 형이 확정되면, 검사의 지휘에 따라 형이 집행됩니다.

모든 범죄가 여기까지는 유사한 흐름을 갖고 있습니다만, 마약류 범죄는 조금 다른 부분이 있어요. 마약 사범 중 단순 투약범이나 초범, 경미한 마약류 사용자 등을 대상으로는 무조건적인 처벌보다는 건강하게 사회 복귀를 위한 노력을 하고 있습니다. 이를 위해서 최근에는 검찰에서 선도, 교육, 치료 보호 등의 조건부기소 유예 처분을 점차 확대하고 있습니다.

또한 2023년부터 마약류 투약 사범 중 기소 유예 처분을 받은 대상자들에게 '사법-치료-재활 연계모델'을 통해서 한국마약퇴치운동본부 '함께한걸음센터'의 심층면접과 중독 전문가, 정신과 전문의 등이 참여한 '전문가위원회'의 심의를 거쳐 다양한 사례관리 프로그램이 제공되고 있습니다. 이 연계 모델은 마약 중독자의 중독 수준 평가와 맞춤형 치료, 재활 프로그램 제안 등을 통해 재범을 방지하고, 건강한 사회 복귀를 위한 토대를 만들어준다는 데 큰 의의가 있습니다.

초범이나 단순 투약자 등 경미한 마약류 사용자의 경우에 검사는 교육조건부기소 유예 처분을 통해 한국마약퇴치운동본부에 교육을 의뢰하는데, 이 교육은 현재 1일 7시간씩, 4일간 총 28시간 진행됩니다.

또한, 청소년의 마약 범죄에 대해서 검찰에서는 사회 복귀와 재범 방지를 위해 선도조건부 기소 유예 처분을 통해 보호관찰소에 선도위탁을 하는데요. 교육 수강 명령의 경우 보호관찰소에서 한국마약퇴치운동본부에 위탁해서 진행하고 있습니다. 교육의 과정과 결과는 보호관찰소에서 취합해서 최종적으로 검찰로 보고되어 관리되고 있습니다.

이 외에도 치료가 필요한 마약 중독자의 경우에는 검사의 판단에 의해 치료(보호)조건부기소 유예 제도를 통해서 지정된 치료보호기관(병원)에서 치료를 받을 수도 있습니다.

앞서 살펴봤듯 단순 마약류 투약 범죄나 초범으로 마약 사범이 되었다고 해서 무조건 감옥에 가는 것은 아닌 것을 알 수 있습니다. 혹시 이 글을 읽으시는 분들 중에서 일부는 '기소 유예 교육'만 받으면 되니 별것 아니라고 생각할 수도 있어요. 하지만 앞의 그림에서 보면 기소 유예도 이미 범죄자임이 인정되는 것입니다. 단순 실수로 봐서 무거운 처벌을 유예한 것뿐이지, 절대 가벼운 사안이 아닙니다. 이러한 제도는 한 번의 실수로 삶이 무너지는 것을 막기 위한 방어 장치로써 작동하는 것이지, 범죄를 봐주기 위한 것이 아니라는 것을 꼭 기억해주세요. 범죄를 저지른 경우 재범 이상이 되면 그 가중 처벌은 더욱 엄격해집니다.

한편 법원으로부터 선고유예를 받은 마약 사범의 경우는 재범 방지를 위해 보호관찰 처분을 받을 수 있는데, 이 경우 재범 예방에 필요한 교육의 수강 명령이나 사회봉사 또는 재활 교육 프로그램 이수 명령을 내리게 됩니다.

법원으로부터 형이 확정된 교정시설의 마약류 범죄 수형자들은 전담 교정시설에서 프로그램 이수 명령을 비롯한 재활 교육을 받게 되고, 치료가 필요하다고 판단된 경우에는 국립법무병원에서 치료감호 처분을 받게 됩니다.

이수 명령을 부과받은 사람이 보호관찰소장 또는 교정시설의 장의 이수 명령 이행에 관한 지시에 불응해서 보호관찰 등에 관한 법률 또는 형의 집행 및 수용자의 처우에 관한 법률에 따른 경고를 받은 후 재차 정당한 사유 없이 이수 명령 이행에 관한 지시에 불응하게 되면 다음과 같은 처벌을 받아요.

> 징역형 이상의 실형과 병과된 경우에는 1년 이하의 징역 또는 1,000만 원 이하의 벌금. 벌금형과 병과된 경우에는 1,000만 원 이하의 벌금.

이제부터는 무서운 처벌 규정을 살펴볼 차례입니다. 마약류 관리에 관한 법률 중 처벌 조항을 여러분들께서 보기 편하게 편집했다는 점을 미리 알려드립니다.

> • 무기 또는 5년 이상의 징역
> – 마약 또는 향정신성 의약품, 1군 임시마약류를 제조, 매매하거나 도움을 줄 목적으로 갖고 있는 사람.
> – 마약 또는 향정신성 의약품을 제조할 목적으로 원료를 만들거나 갖고 있는 사람.
> – 메스암페타민 등 가목에 해당하는 향정신성 의약품 원료가 되는 버섯류에서

그 성분을 추출하거나 버섯류를 구입, 판매할 목적으로 소유한 사람.
- 대마를 제조하거나 매매 또는 매매에 도움을 준 사람.
- 미성년자에게 마약을 판매 제공한 사람 또는 향정신성 의약품이나 임시마약류를 판매 제공한 사람.
- 영리를 목적으로 상습적으로 위의 행위를 한 사람은 사형, 무기 또는 10년 이상의 징역에 처한다.
- 위의 규정된 죄를 범할 목적으로 예비 또는 음모한 사람은 10년 이하의 징역에 처한다(일부 제외).

• 2년 이상의 유기 징역
- 미성년자에게 대마를 수수 제공하거나 대마 또는 대마초 종자의 껍질을 흡연 또는 섭취한 사람.
- 상습적으로 죄를 범한 경우 3년 이상의 유기 징역에 처한다.

• 1년 이상의 유기 징역
- 마약의 원료가 되는 식물을 재배하거나 종자, 종묘를 갖고 있거나 판매한 사람.
- 헤로인에 해당하는 것을 갖고 있거나 운반, 사용, 투약 또는 투약을 위해서 제공한 사람.
- 마약 또는 향정신성 의약품을 제조할 목적으로 그 원료가 되는 물질을 매매하거나 매매를 도와주거나 받은 사람. 그러할 목적으로 원료를 갖고 있는 사람.
- 메스암페타민 등 가목에 해당하는 향정신성 의약품 또는 그 물질을 함유하고 있는 향정신성 의약품을 갖고 있거나 사용한 사람 또는 원료가 되는 버섯류 등을 매매하거나 도와주거나 받는 등 소유, 사용한 사람.
- 대마를 제조, 판매, 판매를 도와주거나 그러할 목적으로 갖고 있는 사람.
- 대마를 판매 제조할 목적으로 대마초를 재배한 사람.
- 1군 임시마약류에 대해 갖고 있거나 사용, 운반, 관리, 투약, 보관을 한 사람.
- 상습적으로 죄를 범한 경우 3년 이상의 유기 징역에 처한다.

- 대마를 제조하거나 매매 또는 매매를 도움을 주려는 목적으로 대마를 소지 소유 목적으로 예비 음모한 사람은 10년 이하의 징역에 처한다.

• 10년 이하의 징역 또는 1억 원 이하의 벌금
- 마약 또는 메스암페타민 등 가목에 해당하는 향정신성 의약품을 사용하거나 관련된 금지 행위를 하기 위해 장소, 시설, 장비, 자금 또는 운반 수단을 타인에게 제공한 사람.
- 나, 다목에 해당하는 향정신성 의약품(메틸페니데이트 등) 또는 그 물질을 함유하는 향정신성 의약품을 사고팔거나 소유, 사용한 사람.
- 상습적으로 위의 죄를 범한 자는 그 죄에 대하여 정하는 형의 2분의 1까지 가중한다.

• 5년 이하의 징역 또는 5,000만 원 이하의 벌금
- 가목을 제외한 향정신성 의약품 또는 대마를 사용하거나 관련된 금지 행위를 하기 위한 장소, 시설, 장비, 자금 또는 운반 수단을 타인에게 제공한 사람.
- 마약의 원료가 되는 식물을 재배하거나 그 성분을 함유하는 원료 종자, 종묘를 갖고 있는 사람.
- 가목에 해당하는 향정신성 의약품의 원료가 되는 식물, 버섯류를 섭취하거나 그럴 목적으로 갖고 있는 사람.
- 다른 사람에게 사용할 목적으로 갖고 있는 사람.
- 대마 또는 대마초 종자의 껍질을 사용하거나 이를 목적으로 갖고 있는 사람.
- 이런 행위를 하려 한다는 것을 알면서도 사고팔거나 또는 사고파는 데 도움을 준 사람.
- 졸피뎀, 펜터민, 프로포폴 등에 해당하는 라목 향정신성 의약품 또는 그 물질을 함유하는 향정신성 의약품을 사고팔거나 사용, 관리한 사람.
- 대마를 재배하거나 소유, 운반, 보관 또는 이를 사용한 사람.
- 마약 또는 향정신성 의약품을 전자상거래를 통해 판매한 사람.

– 상습적으로 앞의 죄를 범한 자는 그 죄에 대하여 정하는 형의 2분의 1까지 가
  중한다.

보셨나요?

마약류를 사용하는 것은 최소 1년에서 최대 무기징역까지 살 수 있
는 중범죄에 해당하는 것을 아실 수 있을 것입니다. 특히 인터넷 등을
통해 마약류 판매를 하는 행위 또한 5년 이하 5,000만 원 이하 벌금
에 해당하는 무거운 범죄에 해당한답니다.

마약류는 내가 사용하는 것뿐 아니라 다른 사람에게 권하거나, 사
용하는 공간을 내주는 것, 보관-운반만 하더라도 모두 처벌 대상이 된
다는 것을 다시 한번 기억해주세요. 마약류는 의약품으로 사용하더라
도 처방받은 본인 외에는 절대 건들면 안 되겠습니다. 내가 먹고 좋았
다고 다른 사람에게 권해도, 팔아도 당연히 안 된다는 말입니다.

마약류 범죄를 절대 가볍게 생각해서는 안 돼요.

마약류는 전산 시스템을 통해
철저하게 관리됩니다

의료용 마약류 남용으로 단속? 개인정보를 어떻게 알았지?

최근 방송에서 마약류를 사용하는 연예인이나 유명인들이 프로포폴 등을 사용한 것 때문에 단속되었다는 이야기를 들어보셨죠? 그런데 처방전 발급과 약을 받은 것들은 아주 민감한 개인정보인데, 어떻게 알고 단속을 할 수 있었을까요? 설마 나라에서 개인정보를 다 들여다보고 있는 것일까요?

당연히 그것은 아니랍니다.

그러면 어떻게 알게 되었을까요? 바로 '마약류통합관리시스템(NIMS, Narcotics Information Management System)'이 구축되면서 가능해진 거예요.

'마약류통합관리시스템'은 무엇일까요?

마약류통합관리시스템은 마약류의 생산에서부터 사용까지 하나의 시스템에 보고하도록 만들어진 시스템입니다.

2018년부터 실시된 '마약류통합관리시스템'은 마약류 관리에 있어서 엄청난 큰 변화를 일으켰습니다. 이 시스템이 도입되기 전까지 우리나라의 마약류 관리는 디지털화되지 못한 상황이었어요. 즉, 빅데이터를 만들 수 없었다는 이야기죠.

마약류통합관리시스템이 없던 시절 마약류 관리

마약류통합관리시스템이 정착되기 전, 우리나라의 마약류 관리 방식은 수기 방식이었습니다.

약국 입장에서 설명해보자면, 병원에서 마약류가 처방이 나오면 '약국 프로그램'에 입력합니다. 마약류가 나온다고 해도 별도의 입력 없이 다른 처방 약과 동일한 절차를 밟게 되지요. 그 뒤 마약류 관리 항목에서 따로 재고 관리를 합니다. 재고 관리는 약국에 있는 실재고와 프로그램에 저장된 재고가 일치하는지 조사하는 것을 말해요. 이때 손으로 작성하는 '수기 장부'로 재고를 관리하는 약국들도 있었어요. 재미있는 것은 컴퓨터에 입력되어 있는 것보다 손으로 쓴 것이 더 신뢰받았답니다. 정말 지금은 있을 수도 없는 일이겠지요.

이런 방식은 불편하고, 비효율적이었습니다. 특히 약국은 장부의 분실이나 훼손 등에 대한 가능성도 무시할 수 없었습니다. 약국은 마약류 장부에 대한 문제가 발생하면 책임을 물어야 했죠. 그뿐만 아니라 약국마다 개별적으로 마약류를 관리했기 때문에 종합적인 파악도 쉽지 않았습니다. 당연히 나쁜 마음을 먹은 사람이 여러 번 마약류를 처방받아 사용하더라도 잡아내기 쉽지 않았지요. 이런 상황은 약국만이 아니라 병원, 그리고 다른 분야도 마찬가지였습니다.

마약류 관리 변화 필요성에 불을 지핀 것은 '프로포폴'

마약류 관리에 관한 관심이 늘어남에 따라 오래된 방식의 관리상 문제점들이 노출되기 시작했습니다. 그러다가 2012년에 프로포폴과 관련된 일련의 강력 사건들은 마약류 관리 시스템 전반에 관한 전폭적인 개편에 불을 지르는 계기가 되었습니다.

2012년 8월, 산부인과에서 발생한 시체 유기 사건을 시작으로 밝혀진 프로포폴의 오남용 사례는 정말 놀라울 따름이었죠. 일부 피부과나 성형외과에서 '우유 주사'로 통하던 프로포폴은 피로 개선제로 남용되고 있었고, 일부 연예인들의 반복적인 불법 투약 사례를 넘어한 피부과 의사는 자가 불법 투약으로 사망한 사례까지 발생했습니다. 2012년 말 국정감사에서는 4개월 동안 59차례나 프로포폴을 투약한 환자가 있는 것으로 나타나 식품의약품안전처에 엄청난 질타가

쏟아지기도 했습니다. 그야말로 2012년은 프로포폴 폭풍이 휩쓸고 간 한 해가 되었죠. 지금까지의 시스템으로는 이러한 오남용 사례를 확실하게 막을 수 없다는 것이 그대로 드러났기 때문에 새로운 제도의 도입이 절실한 상황이 되어버렸습니다.

이러한 배경 속에서 정부는 2015년부터 단일 통로로 마약류를 관리하는 새로운 시스템을 계획하기 시작했습니다. 시스템 개발에는 약 3년의 시간이 소요되었고, 이 과정에서 의사, 약사, 제약회사, IT 전문가 등 다양한 분야의 전문가들이 참여했습니다. 특히 시스템의 사용자 편의성을 높이기 위해 현장의 의견을 적극적으로 반영했고, 여러 차례의 시범 운영을 통해 문제점을 보완했습니다.

이런 시스템의 채용은 미국과 일본 등 다양한 나라에서 사용하는 시스템에도 영향을 받았을 것으로 보입니다. 미국은 이미 2000년대 초반부터 'PDMP(Prescription Drug Monitoring Program)'라는 처방 약물 모니터링 프로그램을 운영하고 있었고, 일본도 2006년부터 '마약류 취급자 등록 시스템(Narcotics Control System)'을 운영하고 있었으니까요.

2018년 5월에는 마약류를 만들거나 수입하는 업체들이 먼저 시스템을 사용하기 시작했습니다. 이어서 7월에는 도매업체들이, 11월에는 병원과 약국 같은 의료기관들이 시스템을 도입했습니다. 사용자들은 모두 과거의 시스템을 버리고, 새로운 시스템에 익숙해져야 했습니다. 당연히 반발도 심했죠. 이 때문에 마약류통합관리시스템은 단계적으로 도입되었으며 계도 기간을 거치기도 했습니다.

이러한 단계적 도입을 통해 사용자들의 불편함을 최소화하려고 했지만, 완전히 정착되기까지는 더 많은 시간이 소요될 수밖에 없었답니다.

마약류통합관리시스템의 작동 방식

마약류통합관리시스템의 작동 방식은 마치 우리가 택배를 보낼 때 사용하는 택배 추적 시스템과 비슷합니다. 마약류가 처음 만들어지거나 외국에서 수입된 순간부터 환자에게 처방될 때까지의 모든 과정

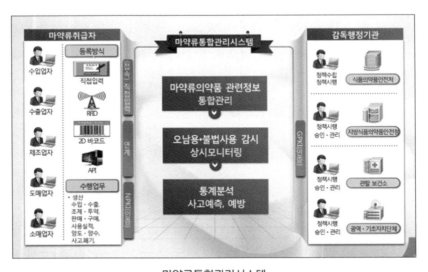

마약류통합관리시스템
(출처 : [국가R&D연구보고서] 마약류 중독 예방·관리방안 수립체계 구축(이범진, 2017)

을 실시간으로 추적할 수 있습니다. 예를 들어, 어떤 제약회사가 의료용 마약류를 만들었다면, 이 약이 도매상을 거쳐 병원에 도착하고, 최종적으로 환자에게 처방되는 전 과정이 시스템에 기록됩니다.

시스템의 가장 큰 특징은 실시간 모니터링이 가능하다는 점입니다. 과거에는 한 달에 한 번 또는 분기에 한 번씩 보고했지만, 이제는 모든 거래와 사용이 즉시 시스템에 입력됩니다. 이는 마치 은행 거래처럼 모든 입출금이 실시간으로 기록되는 것과 비슷합니다. 이러한 실시간 모니터링 덕분에 불법 유통이나 오남용을 빠르게 발견하고 대처할 수 있게 되었습니다.

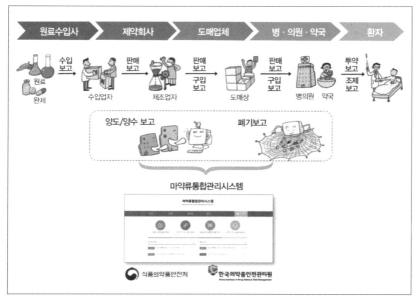

취급보고 흐름도 (출처: 식품의약품안전처)

시스템에는 다양한 안전장치도 마련되어 있습니다.

예를 들어, 의사가 특정 환자에게 과다한 양의 마약류를 처방하려고 하면 시스템이 자동으로 경고를 보냅니다. 또한 한 환자가 여러 병원에서 비슷한 약을 처방받으려고 할 때도 이를 감지해서 알려줍니다. 이러한 안전장치들은 마약류의 오남용을 예방하는 데 큰 도움이 되고 있습니다.

시스템에서 각 참여자들은 명확한 역할과 책임이 있습니다. 먼저 마약류를 만들거나 수입하는 업체는 생산량과 수입량을 시스템에 입력하고, 도매상에게 판매한 내역을 보고합니다. 이때 각 약품에는 고유한 식별 번호가 부여되어 추적이 가능합니다. 도매업체는 구입하고 판매한 마약류를 시스템에 입력하고 재고 현황을 관리합니다. 재고 관리는 매우 엄격하게 이뤄지며, 실제 보유량과 시스템상의 수량이 정확히 일치해야 합니다.

병원과 약국 같은 의료기관의 역할도 매우 중요합니다. 이들은 마약류 구입 내역과 환자 처방 정보, 폐기 정보를 입력합니다. 특히 처방 정보는 매우 상세하게 기록되어야 하는데, 환자 정보, 처방 사유, 투약 용량 등이 모두 포함됩니다. 만약 마약류를 폐기해야 할 경우에는 그 사유와 수량도 정확히 기록해야 합니다.

식품의약품안전처는 이 모든 과정을 총괄 관리하고 감독합니다. 시스템에 입력된 데이터를 분석해서 비정상적인 패턴이 있는지 확인하고, 필요한 경우 현장 점검을 실시합니다. 또한 정기적으로 통계를 작성해서 마약류 사용 현황을 파악하고, 이를 정책 수립에 활용합니다.

마약류통합관리시스템이 잘 활용된다면

마약류통합관리시스템을 사용함으로써 사용자는 실시간으로 보고를 해야 하고, 매번 재고를 파악해서 확인해야 하는 불편함을 감수해야 합니다. 이런 것이 실제 현장에서 매우 강한 업무 부담으로 이어지는 것도 사실이지요. 그런데도 우리는 이 시스템을 반드시 사용해야만 합니다. 우리는 어떤 모습을 기대하고 있을까요? 가상의 상황을 설정해보겠습니다.

의료용 마약류의 오남용 방지

프로포폴과 같은 수면 마취제의 오남용이 많이 감소했습니다. 20XX년과 비교했을 때 20○○년의 프로포폴 처방량은 약 15% 감소했습니다. 특히 성형외과와 피부과에서의 사용량이 눈에 띄게 줄었는데, 이는 불필요한 투약이 줄어들었다는 것을 의미합니다.

실제 사례를 보면, 서울의 한 성형외과는 시스템 도입 후 프로포폴 사용량이 30% 감소했다고 보고했습니다. 또한 환자들도 수면 마취에 대한 경각심이 높아져, 꼭 필요한 경우에만 수면 마취를 선택하는 경향이 늘어났습니다.

중복 처방 방지

여러 병원을 돌아다니며 같은 마약류를 처방받는 '의료쇼핑' 사례가 크게 줄었습니다. 20XX년에는 중복 처방이 전년 대비 30% 이상 감소했습니다.

구체적인 사례로, 부산의 한 종합병원에서는 시스템을 통해 한 환자가 일주일 동안 3개 병원에서 같은 마약성 진통제를 처방받으려 한 것을 발견하고 예방할 수 있었습니다. 이러한 사례들이 전국적으로 줄어들면서 마약류 의존도도 감소하고 있습니다.

응급실 안전성 향상

응급실에서의 마약류 관리도 더욱 체계화되었습니다. 이전에는 응급상황에서 마약류 사용 기록이 누락되는 경우가 있었지만, 시스템 도입 후에는 모든 사용 내역이 정확히 기록되고 있습니다. 20○○년 조사에 따르면, 응급실의 마약류 관리 정확도가 95% 이상으로 향상되었습니다.

환자 교육 강화

마약류에 대한 환자 교육도 더욱 체계화되었습니다. 시스템에 기록된 데이터를 바탕으로 환자별 맞춤 교육이 가능해졌고, 이는 마약류의 올바른 사용과 의존성 예방에 큰 도움이 되고 있습니다.

대전의 한 종합병원은 마약성 진통제를 처방받는 만성통증 환자들을 대상으로 맞춤형 교육 프로그램을 운영해서, 환자의 약물 의존도를 20% 낮추는 데 성공했습니다.

아마도 마약류통합관리시스템에서 바라는 모습은 바로 이렇지 않을까요? 생각만 해도 아름답습니다. 정말 이대로만 된다면 얼마나 좋겠습니까?

짧은 시간이지만 성과가 나쁘지 않습니다.
하지만 아직도 가야 할 길이 멉니다

마약류통합관리시스템이 시작된 지 10년이 채 되지도 않았지만, 희망적 가능성은 현실화하고 있기도 한데요. 2023년 식품의약품안전처에서 발표한 '의료용 마약류 취급 현황 통계'에 의하면, 오남용 우려를 낳았던 펜타닐 패치의 경우 2022년에 비해 처방받은 환자가 6.8%, 처방량도 8.2% 감소한 것으로 나타났으며, 식욕억제제 펜터민의 경우 2022년에 비해 처방받은 환자가 5.8%, 처방량도 6.6% 감소한 것으로 나타났습니다. 이 두 약물 모두 오남용이 가능한 마약류라는 공통점이 있는데요. 아무래도 사회적 이슈와 함께 실시간 모니터링 되기 때문에 줄여나갈 수 있는 것이 아닐까 생각됩니다.

그렇지만 갈 길은 아직도 멀었습니다.

대검찰청에서 발간한 《2023년 마약 범죄 백서》에 의하면, '2023년 마약 사범은 27,611명으로 최초 2만 명을 넘겨 역대 최대치를 기록했고, 전년도(18,395명) 대비 약 50.1% 증가'했습니다. 마약류 범죄 현황에서 '병의원의 무분별한 의료용 마약류 처방으로 온라인 환경에서의 불법 유통 범죄가 급증'이라며 '의료용 마약류 범죄 증가'를 주요 원인으로 뽑을 정도였습니다. 유명 연예인 등을 비롯한 프로포폴 등을 남용한 사례도 지속적으로 보도되고 있기도 하죠. 이런 마약류 범죄는 다른 불법 약물 투여나 다른 강력 범죄와도 밀접하게 연관되어 있기도 하므로 초기에 검거하는 것이 중요합니다. 이런 부분에서 실시간으로 마약류 사용을 체크할 수 있는 우리 시스템이 갖추고 있는 범죄 예방 가능성은 매우 높다고 볼 수 있겠습니다.

마약류 사용 데이터가 우리를 보호해줄 수 있습니다

이제 다시 처음 이야기로 돌아가보겠습니다.

우리나라에서 의료용 마약류를 사용하는 것은 이제 모두 마약류통합관리시스템으로 보고되고 있습니다. 물론 해당 정보가 민감한 내용을 담고 있는 만큼 함부로 사용되면 안 되겠지요. 다만 이 데이터가 모여 사회의 안전을 구축할 수 있다면 이야기는 달라집니다. 마약류 통합관리시스템을 통해 모인 빅데이터는 합법을 가장한 불법적 마약류 사용을 막을 수 있기 때문입니다.

의료용 마약류의 불법 사용은 약물 중독자를 양산해 한 사람의 인생을 망치거나 사망에 이르게 할 수도 있습니다. 그뿐만 아니라 성범죄나 강도 등 강력 범죄에도 악용될 수도 있지요. 이런 사례는 최근까지도 여러 사례를 통해 보도되고 있기도 한데요. 보통 사건이 보도될 때만 시끄럽고, 조금만 시간이 지나도 잊히기 쉽습니다. 하지만 마약류는 그 잊힌 틈을 언제나 노리고 있다는 것을 기억해주세요. 그 틈을 비집고 여러분의 안전을 위협하고 있습니다. 마약류를 취급하는 직능을 갖고 있는 사람들이라면 더욱더 관심을 두고 주의를 기울여야 합니다. 내 손에서 취급된 마약류가 마약류 관련 범죄에 이용될 수 있다는 점을 꼭 기억해야 합니다. 그 때문에 일부 불편함이 있더라도 마약류 보고에 보다 심혈을 기울여야 합니다.

현직 마약 수사 담당
형사가 말합니다[*]

우리 사회 마약류 전파는 심각한 상태

모든 범죄는 예방, 즉 범죄가 일어나지 않는 것이 단연 으뜸이라고 볼 수 있습니다. 효과적인 예방이 선행된다면 당연히 검거도 필요 없습니다. 그러면 지금 저는 마약 범죄자를 안 잡아도 될 것 같습니다. 고로 재활 부분도 감축이 될 것 같습니다.

마약류 예방 교육, 제대로 하면 된다

마약류 범죄는 얼핏 보면 피해자가 없는 것처럼 보입니다. '나는 아니겠지? 내 주변은 없겠지?'라고 생각하지만, 점점 자신의 주변에 마

---

[*] 이 장은 오랜 기간 마약 수사에 힘써 오신 현직 형사님께서 작성해주셨습니다.

약 범죄에 많이 노출되어 있다는 사실을 체감합니다. 마약 수사 업무를 11년째 근무하면서 지인들이 항상 물어보는 질문 중 하나는 이렇습니다.

"우리나라에 마약이 그렇게 많아?"
"마약을 한번 하면 절대 못 끊어?"

맞습니다. 마약이 많이 퍼져 있기도 하고, 그만큼 재범률이 높은 범죄임을 체감합니다. 얼마 전 처벌받을 각오를 하고, 뼈를 깎는 심정으로 제 앞에서 울면서 자수했던 사람도 다시는 안 하겠다고 했습니다. 하지만 몇 주가 지나면 또 재발해 다른 경찰서에 검거되는 경우도 여럿 봤습니다. 언론에서 마약은 메인 뉴스로 자리 잡은 지 오래입니다.

실질적 예방 교육 필요해

마약류에 대해 수박 겉핥기식 교육은 아무런 도움이 되지 않고, 오히려 호기심을 자극할 수 있습니다. 약 6, 7년 전 집사람에게 "학생들에게 이제는 마약에 대한 교육이 필요한 시점이 왔다"라고 이야기했더니, "교육으로 인해서 오히려 호기심만 자극하지 않겠어?"라는 답이 돌아왔습니다.

그것도 맞습니다. 형식적인 교육은 오히려 호기심만 자극할 수 있다고 생각합니다. 하지만 실질적인 예방 교육으로 마약 범죄의 폐해, 그로 인한 개인 삶의 파괴 등을 직접적으로 초중고별 단계별로 알려 줘야 합니다.

기본적으로 마약에 대한 종류도 모르는 사람이 너무 많습니다. 심지어 경찰 조직에서도 마약 범죄 수사를 안 해본 사람은 모르는 사람이 태반입니다. 사실 마약류 종류가 많기도 한 것도 이유일 것입니다.

2024년에 여러 기업 회장, 연예인들이 동참해 '마약에 출구는 없다'라는 파란 피켓을 들고, 릴레이식으로 홍보한 온라인 캠페인을 접했습니다. 조심스럽지만, 사실 이 피켓을 들고 있는 사람들은 어떤 것이 마약인지 알고 있는지 묻고 싶었습니다. 무조건적으로 마약은 안 된다는 식의 교육은 누구나 할 수 있습니다. 하지만 정확히 알고 해야 합니다.

태생이 불법적인 마약류도 있지만, 치료를 목적으로 의사가 제한적으로 처방하는 의료용 마약류가 있습니다. 오히려 의료용 마약류가 더 많습니다. 가장 흔히 접할 수 있는 향정신성 의약품인 펜터민, 졸피뎀 사건을 수사하다 보면 "이것도 마약류에 포함되어 있어?"라고 묻는 사람들이 있습니다. 복용하는 환자뿐만 아니라 가끔 병의원 관계자 역시 대수롭지 않고, 잘 모르는 의사들도 봤습니다. 오로지 주사기를 이용한 필로폰을 투약해야 자신들이 생각하는 마약으로 인식하는 경우가 허다합니다. 중독자라고 하면, 정말 미국의 길거리에 쓰러져 있거나 비틀거리는 사람 정도는 되어야 중독자라고 생각하는 사람이 많습니다.

'누가 봐도 정상적인 사람인데', '살만 조금 빠진 것 같은데'라고 생각하지만, 심각한 중독자라는 것을 전혀 눈치채지 못합니다. 요즘 유학생들도 많아지고 있음에도 엑스터시, 젤리로 만든 대마 등 마약에 대한 교육을 한 번도 받지 못하고 해외로 나가는 젊은 학생들이 많아지고, 중독되는 사례를 자주 접하게 됩니다.

필로폰을 처음 접했던 사람 중에는 주사기가 아닌 음료로 마신 경우도 많습니다. 낯선 사람에게서 "이것을 마시면 기분이 좋아져"라는 말을 듣고 생각 없이 마신 것입니다. 음료에 마약이 들어 있을 거라는 생각은 전혀 없이 마셨다가 중독이 된 것이죠. 그만큼 마약류에 대한 교육이 부족합니다.

무시무시한 펜타닐의 폐해

예전의 비행 청소년 중에서는 본드, 가스를 하는 친구들은 몇몇 봤습니다. 하지만 지금은 펜타닐을 은박지에 올려놓고, 그 밑을 가열해서 나오는 연기를 마시는 방법으로 투약하고 있습니다. 이게 무시무시한 마약인 것도 모르고, 그저 친구들을 따라 '주사기가 아니니까 괜찮겠지' 하며 단순 놀이용 도구로만 생각하고 했다가는 큰코다칠 수 있습니다. 죽음 직전에 이를 수도 있습니다. 펜타닐은 그 어떤 마약보다 더 큰 폐해를 끼치고, 뒤늦게 깨닫고 후회해도 돌이킬 수 없습니다. 그 폐해로 목숨을 잃는 학생들도 봤습니다.

병의원 수사를 하다 보면 펜타닐을 처방한 의사 역시 대수롭지 않게 지식도 없이 처방하는 예도 허다했습니다. 환자가 이전 처방전을 보여주거나, 지방에서 왔다고 말하면, 대수롭지 않게 처방해주는 의사들도 있었습니다. 이들 역시 마약류 오남용에 대한 인식이 정확히 없었기 때문입니다. 예전에는 환자가 이름을 도용해도 "홍길동이라고 하는데 홍길동인 줄 알았지. 타인 명의를 도용한지 몰랐다"라고 하면 답이 없었습니다. 최근에는 신분증 제시 의무화가 생겨 그 간격을 좁힐 수 있겠지만, 2024년까지만 해도 답이 없었습니다.

마약류의 실체를 정확히 알아야 한다

어떤 증상이 중독자의 신호인지를 알아채고, 치료 등 빠른 대책을 세워야 함에도, 그저 개인적으로 수소문해서 병의원을 찾아보는 경우가 있습니다. 가족 중에 마약에 중독된 환자가 있다면 치료가 필요할 텐데, 주변에 물어볼 수도 없고, 차마 물어볼 용기가 없기 때문입니다.

한번은 어떤 엄마가 자기 딸이 필로폰 중독이라고 하소연했는데, 아빠는 딸이 필로폰에 중독된 사실도 전혀 몰랐습니다. "왜 아빠는 딸의 중독을 모르나요?"라고 물으니 "우리 남편이 알면 큰일 나요. 집안이 뒤집어져요"라는 답이 돌아왔습니다. 딸의 마약 중독보다 남편의 괴팍한 성질을 더 무서워하다니 당황스러웠습니다. 중독 치료는 가족들과 함께 해결해야 하는 문제입니다. 하루 중 제일 많이 접하는 가족들의 이해와 응원이 없으면 누구도 이겨낼 수 없습니다.

초범인 마약 사범을 체포해오면 가족들에게 체포 사실을 통지합니다. 가족들에게 체포 사실을 전하면, 제일 먼저 이런 질문이 돌아옵니다.

"구속이 되는 거냐?"
"변호인을 선임해야 되는 거냐?"

중독에서 벗어날 치료 방법은 두 번 정도는 체포되어야 묻고, 세 번 정도 체포되면 이제는 차라리 구속시켜 달라고 하고, 네 번째는 포기에 이릅니다.

가족들은 중독된 자기 가족이 "정신 못 차려서 또 한다"라는 말을 합니다. 하지만 이 말에는 모순이 있습니다. 이미 중독된 당사자에게 정상적인 판단을 맡기기는 무리가 있습니다. 그만큼 끊기 힘든 게 마약인 것을 당사자, 주변 사람들은 모르고 있습니다. 이런 악순환에서 벗어나기에도 현시점에서 치료 병원은 턱없이 부족하고, 전문인력도 부족한 상태입니다. 그렇기에 예방 교육은 더더욱 중요합니다.

부모 자식 관계도 망치는 마약, 예방이 최선이다

몇 년 전, 마약류 투약자에서 판매자로 진급을 한 젊은 남성을 구속 송치한 사실이 있습니다. 남성의 아버지는 그때 당시 나를 원망했습니다. 사회 초년생이고, 초범인 아들을 구속까지 해야 하냐고 했습니다. 하지만 본인 투약을 넘어서 불특정 다수에게 마약을 판매한 혐의라서 구속은 피할 수 없었습니다.

결국 1심에서 변호인을 선임했고, 가족들의 탄원서로 집행유예를 받고 얼마 후 출소했습니다. 그런데 얼마 지나지 않아 또다시 재범에 이르면서 아버지께서는 한탄하며 제게 연락이 왔습니다. 초반에는 정신병원으로 입원을 시키려고 안간힘을 썼지만, 결국 중독된 아들은 병원을 회피하고, 결국 이제는 망가진 아들을 더 볼 수 없어, 다시 경찰에 신고하게 되었다고 했습니다.

'자식은 눈에 넣어도 안 아프다'라는 말이 있지요? 저도 그렇습니다. 그런데 마약 범죄의 경우는 중독된 자식, 가족들을 직접 신고하는 경우가 있습니다. 오죽했으면 신고했을까, 그 마음을 너무 잘 압니다.

아마 가족들은 피눈물이 날 것입니다. 자식이 사기를 치든, 도둑질하든, 어떻게든 가족은 숨겨주기 나름인데, 마약 범죄만큼은 예외인 것 같습니다.

각 가정에서는 타이레놀 등 유통기한이 한참 지난 일반의약품도 모아두고 있는 경우가 많습니다. 동생이 먹었던 약, 엄마가 먹었던 약을 버리기 아까워 임시방편으로 모아두는 것이죠. 요즘은 약 봉투에도 이름과 성분 표기가 되어 있습니다. 내가 먹는 약이 어떤 성분이 있고, 효과와 부작용을 알아보고 하나하나 체크해보며 약물에 관해 공부해보는 것도 예방 교육에 도움이 됩니다. 요즘은 인터넷이 발달되어 있어 검색하면 바로바로 확인할 수 있습니다.

실질적으로 무조건적인 마약 금지보다는 마약류 오남용을 막아야 하지 않을까 싶습니다.

적절한 처벌과 함께
지속적인 예방 교육이 중요합니다

약을 사는 데 쓰는 돈은 전 세계 1등

한국 사람들은 약을 참 좋아합니다. 조금만 감기 기운이 있어도 감기약부터 찾지요. 몸이 아플 때뿐만 아니라 피곤할 때도 먹고, 운동하기 전에도 먹고, 운동하고 나서도 먹습니다. 약을 정말 좋아합니다.

좀 오래되었긴 했지만 2017년의 재미있는 통계가 있는데, 우리나라 사람들이 약 사면서 쓰는 돈이 평균 491달러로 조사되었다고 해요. 이는 OECD 평균에도 못 미치며 1,221달러를 기록한 미국에는 절반도 안 되긴 합니다(출처 : 인구고령화의 의약품 정책에 대한 정책적 함의(2019)). 그렇다면 미국 사람들이 한국 사람들보다 약을 더 많이 먹는다는 것일까요? 하지만 여기에는 한 가지 함정이 있습니다. 미국 약값이 한국보다 3배 정도 비싸다는 거예요["'뜨거운 감자' 호주 약가, 한국보다 얼마나 낮을까"(<데일리팜> 2022년 기사)]. 결국 우리가 491달러를 쓴다면, 미국 가치로는 1,473달러를 쓴 셈이 되기 때문에 수치를 변환하면 1등으로 올라서는 기염을 토하게 되는 것입니다.

통계뿐 아니라 제가 약국에 근무해보면 정말 많은 사람이 경질환으로도 약을 복용하는 것을 알 수 있어요. 왠지 약을 먹어야 증상이 나을 것 같은 느낌이 드는 것이겠죠. 정말 기가 막힌 것은 처방 약을 가정상비약으로 받아 가는 사람들도 꽤 많다는 것입니다. 처방 약은 일반의약품도 있지만 전문의약품도 있을 것입니다. 전문의약품은 반드시 전문가의 진단에 의해서만 사용해야 안전한데도, 먹어봤더니 잘 낫더라는 생각으로 또 같은 처방을 받아 복용하는 것입니다. 가정상비약으로 받아 갔으니 어떻게 할까요? 잊지 않도록 봉투에 언제 먹는 약이라고 표시해놓고, 증상이 있을 때마다 먹습니다. 자신만 먹는 것이 아니라 다른 사람에게도 권해주기도 하죠. 잘 듣는 약이라면서요.

생각보다 사람들은 약을 잘 모릅니다

요즘에는 언제 어디서든 정보를 찾아볼 수 있는 시대입니다. 의약품에 대한 정보도 마찬가지죠. 온라인 연결이 되어 있는 스마트폰을 손가락 몇 번 클릭하면, 알고 싶은 의약품에 대한 정보를 누구보다 빠르게 알 수 있습니다. 사람들은 현실 속 전문가보다 스마트폰으로 보는 영상 속 전문가를 더 믿으려 하고, 이런 현상은 AI가 상용화되면서 더욱 공고해지고 있어요. 그렇다고 사람들이 정말 제대로 된 정보를 알고 있을까요? 꼭 그렇지만은 않은 것 같습니다.

쉽게 찾아볼 수 있는 진통제만 하더라도 잘 몰라서 중복 복용하는 경우가 허다하고, 처방받은 항생제는 증상이 없어도 먹어야 할지, 끊어야 할지 잘 모릅니다. 형태가 다르면 성분이 같은 약이라도 다른 약으로 오인해 중복해서 복용하기도 하지요. 갑자기 나타난 변비, 속 쓰림, 두근거림 등 이상 반응이 복용한 약 때문인 줄 모르고, 증상을 개선하기 위해 또 다른 약을 먹기도 합니다.

이런 현상은 약에 대한 정보가 없어서 발생하는 것이 아닙니다. 사실 약물 정보를 많이 알고 있다고 하더라도, 인체 생리학에서부터 약물학까지 다양한 정보를 가지고 폭넓게 살피지 않는다면, 약이 가지고 있는 두 얼굴을 알아내기 쉽지 않거든요. 특히 약을 복용한 환자가 어떤 상황에 있느냐에 따라 그 반응도 제각각이기 때문에, 현재 상태에서의 약에 대한 정확한 정보는 역시 오프라인 전문가에게 얻는 것이 가장 안전합니다.

갈수록 문제가 커지고 있는 의료용 마약류

각설하고 최근 더 우려되는 것은 의료용 마약류의 오용입니다. 필자가 들은 이야기 중 가장 흔한 의료용 마약류 오용은 수면제와 진통제입니다. 잠을 못 자던 환자가 병원에서 스틸녹스(졸피뎀) 등을 처방받고, 효과가 좋으면 주변에 있는 다른 불면증 환자에게 나눠주기도 한다는 것은 공공연한 비밀입니다. 그뿐만 아니라 암 환자나 중증 통증 환자에게 처방되는 마약성 진통제를 서로 공유한 사례도 여럿 보고되고 있습니다. 물론 악의적으로 판매하는 것이 아닌 선의를 베풀기 위해 한 행동이겠지만, 이런 행동이 실제 이상 반응으로 이어지면 환자에게 끼치는 악영향이 매우 클 수밖에 없습니다.

실제로 수면제 졸피뎀을 복용한 뒤 발생한 이상 반응으로는 가볍게는 어지럼증, 두통 등이 나타나지만 몽유병, 단기 기억 상실, 실신 등의 상태가 나타날 수 있습니다. 마약성 진통제의 경우 일반 소염진통제 파스라고 생각해서 여러 장을 부착해 실신해서 응급실에 실려 간 사례가 보고되기도 했지요. 마약성 진통제 패치는 형태로만 보면 일반의약품과 구분이 되지 않기 때문에 얼마든지 벌어질 수 있는 일인 것입니다.

최근 의료용 마약류 불법 판매에 대한 부분도 크게 대두되고 있는 문제 중 하나인데요. 병원에서 체중 감량을 목적으로 처방받은 식욕억제제 등을 중고 사이트나 SNS를 통해 판매하거나, 수면제를 유통하기도 합니다.

앞서 봤듯 이렇게 마약류를 무상, 유상으로 제공하는 행위는 제공한 사람과 받은 사람 모두 '마약류 관리에 관한 법률'에 의해 5년 이하의 징역 또는 5,000만 원 이하의 벌금이 부과됩니다. 이제는 잘 알고 계시죠?

성인들은 마약류에 대해 정확하게 인지하고 있을까요?

그런데 한 가지 중요한 점은 무상으로 준 사람이나 판매를 한 사람이나 '그게 문제가 될 줄 몰랐다'라고 한다는 것입니다. 무상으로 준 사람은 내가 먹고 좋아서 친한 사람에게 준 것이라고 하고, 판매를 한 사람은 자기에게 필요 없어서, 버리기 아까우니 팔았다고 합니다. 잠자는 약, 진통제, 살 빼는 약으로 알았지, 마약류인 줄은 꿈에도 몰랐다고 하는 경우도 많아요. 더군다나 법적으로 이렇게 크게 처벌을 받는다는 것도 모르는 경우가 많았습니다.

물론 핑계일 수도 있지만, 일부는 맞을 수 있습니다. 다른 사람에게 마약으로 해를 끼칠 것이 아니라면 무상으로 약을 왜 주겠습니까? 돈을 얼마를 번다고 그보다 엄청난 처벌을 감수하며, 마약류를 중고 매매를 한다는 말인가요? 이러한 것은 마약류에 대한 교육 부재에서 나타난 현상이라고 볼 수밖에 없습니다.

잘 생각해보면, 우리는 그간 보건 영역에서 금연 등에 노력을 많이 해왔지만, 마약류에 대해서는 '마약 청정국'이라는 생각으로 크게 신경을 쓰지 않았습니다. 오히려 학생들에게 마약류를 이야기하는 것은 호기심을 불러일으킨다는 걱정 때문에 언급하는 것을 터부시해오기도 했지요. 그래서 지금 성인들 중에는 어렴풋이 마약류에 대한 작용을 알고 있을 뿐 인체에 어떤 반응을 일으키는지, 얼마나 유해한지 모르고 있는 사람들도 있다고 볼 수 있습니다. 이런 것은 마약류 인식에 대한 설문에서도 나타나는데요. 2020년 한국마약퇴치운동본부에서 성인 1,000명을 대상으로 '마약류 심각성에 대한 국민 인식도 조사'를 시행했습니다. 그중 다음과 같은 질문으로 마약류 인식에 관한 조사를 했는데, 위험성을 인지하고 있다는 응답이 74.2%가 나왔답니다.

"마약류나 약물은 잘못 사용되었을 경우 우리 인체에 미치는 폐해가 심각한데요. 귀하는 마약류 및 약물 오남용의 위험성을 얼마나 알고 있다고 생각하십니까?"

이 질문이라면 위험성을 인지한다고 답하는 비율이 100%가 나와야 하지 않나요? 뭐, 1%는 봐준다 해도 99%는 나와야죠. 약 75%가 위험성을 인지하고 있다고 답했다면, 약 25%는 마약류에 대한 위험성을 모르고 있다고 보면 됩니다. 이런 오인지는 마약류를 가볍게 보는 현상으로 이어질 수밖에 없어요. 2000년 월드리서치에서 성인 1,000명을 대상으로 마약류 국민 의식에 대한 조사를 시행했는데, 응답자의 약 20%가 '마음만 먹으면 마약을 끊을 수 있다'라고 응답했습니다. 만약 이 20%가 호기심에 또는 마음이 약해져서 마약류 유혹이 온다면 사용할 것은 불 보듯 뻔한 것입니다.

이런 설문을 살펴볼 때 우리는 20%가 넘는 국민이 마약류에 대한 정확한 정보가 없다는 것을 알 수 있습니다.

예방 교육이 해결에 실마리가 될 수 있다

결국 아무리 강하게 처벌한다고 해도, 붙잡히는 경우는 일부밖에 안 됩니다. 국민 스스로가 마약류에 대한 정확한 인지를 바탕으로 오남용하지 않도록 예방하는 것이 가장 근본적인 해결책이 될 것입니다.

특히 의료용 마약류에 대한 정확한 사용법을 교육하고, 인지하지 못한 상태에서 마약류에 노출되었을 때 나타나는 반응에 대한 현실적인 교육이 필요합니다. 그래야 자신이 마약류에 노출되었을 때 대처할 수 방법을 찾을 수 있기 때문이지요. 이와 함께 약물에 중독이 되었을 때 치료하는 방법에 대한 교육도 이뤄져야 합니다.

최근 몇 년간 마약 예방 교육은 초, 중, 고등학교를 중심으로 지속적으로 확대되어 실시되고 있습니다. 이 책을 읽는 몇몇 분들도 아마 학교에서 진행되는 마약 예방 교육을 받아보신 적이 있을 거예요. 그런데도 마약 범죄율은 줄지 않고 늘고 있지요. 그래서 예방 교육이 효과가 있을지 의심이 들 수밖에 없습니다.

예방 교육의 효과를 간접적으로 볼 수 있는 것은 바로 흡연입니다. 앞서 봤듯 담배는 마약류는 아니지만, 강력한 중독성 약물임은 확실하지요. 우리나라 금연 캠페인은 오랜 기간 매우 성공적으로 진행되어 오고 있는데요. 금연 예방 교육도 처음에는 효과에 의구심을 받았다는 것을 알고 계신가요? 그래서 학생 흡연 예방 교육을 위한 금연 선도학교를 지정해서 예방 교육 시범 사업을 진행하기도 했습니다.

그 결과는 매우 성공적이었지요. 예방 교육 후 흡연 지식, 흡연 권유 시 거절율, 금연 시도율 모두 유의미하게 상승했으며, 현재 흡연율(최근 30일 동안 1일 이상 흡연한 사람의 비율)은 눈에 띄게 감소했다고 합니다.

하지만 담배와 마약류의 큰 차이점은 마약류 불법 사용은 범죄라는 것입니다. 담배는 사용자를 조사하기에는 어려움이 없지만, 마약류는 조사라는 것이 불가능하겠죠. 이 때문에 마약류의 경우에는 예방 교육뿐 아니라 단속과 처벌이라는 정책 요인이 동시에 이뤄져야 효과를 볼 수 있습니다.

'청소년 마약류 범죄의 예방 교육 효과성에 대한 영향요인 분석 : 서울지방경찰청 과학수사요원의 인식을 중심으로(2021)'에서 저자는 예방 교육이 매우 중요함을 말하면서도 단속과 처벌이 동시에 이뤄져야 예방 정책의 효과를 더욱 상승시킬 수 있을 것이라고 여러 데이터를 통해 말하고 있습니다.

따라서 현재 진행되고 있는 마약 예방 교육의 효과에 의구심을 가질 것이 아니라, 예방 교육을 기본으로 하면서 어떤 정책을 뒷받침해야 더욱 효과를 보일지 고민하고 실천해야만 할 것입니다. 흡연 예방 교육을 하면서 금연 구역을 확대하고, 이를 어기면 경범죄를 처벌하는 등의 정책 등이 뒷받침되었기에 오늘날 금연 정책이 성공을 이루고 있는 것처럼 말이죠.

더욱더 광범위한 예방 교육이 필요합니다

최근 학생들의 마약류 교육은 유아에서부터 청소년까지 매우 다양하게 이뤄지고 있습니다. 사실 현실적인 문제는 성인에게 있는데, 성인 대상 교육은 학생만큼 잘 이뤄지지 않거든요. 그렇다고 미디어 등을 통한 노출은 집중적인 교육이 되지 못하기 때문에 한계가 있을 수밖에 없습니다. 따라서 학생 마약류 교육을 학교에서 진행하는 것처럼, 직장인들은 해당 직장에서, 직장이 없는 경우에는 성인이 많이 모이는 종교 시설, 문화센터, 양로원 등을 중심으로 각 연령에 맞는 맞춤형 교육이 이뤄져야 한다고 생각합니다.

마약류는 사회적 유통도 문제가 되지만, 개인 선택의 문제이기도 합니다. 처벌하는 것도 중요하겠지만, 보다 중요한 것은 교육을 통해서 스스로 마약류에 대한 경계심을 늦추지 않게 하는 것입니다.

마약류 중독 문제는 예방이 최선의 치료이기 때문이지요.

이제는 쉽게 생각했던 물질들이
좀 다르게 보이시나요?

지금까지 우리는 주변에서 흔히 볼 수 있는 약물에서부터 뉴스나 영화에서만 보던 약물까지, 우리의 몸과 마음에 영향을 미칠 수 있는 다양한 '약물'에 대해 알아봤습니다. 그리고 마약류 관리에 관한 법률 위반에 대한 단속과 처벌, 그리고 예방 교육의 중요성도 살펴봤죠. 이 글을 쓰는 데 물심양면 도움을 주신 모든 분들에게 감사를 드리며, 마지막 장까지 한 자 한 자 집중해서 읽어주신 여러분께도 진심 어린 감사를 표합니다.

이제 글을 마무리하면서 제 이야기를 조금 해보도록 하겠습니다.

저는 약국에서 오랫동안 건강에 불편함이 생겨 이를 개선하고자 약국을 방문하시는 분들과 '약'으로 만나는 일을 해왔습니다. 담배를 피우지는 않아도 커피를 즐겨 마시며, 좋은 만남이 있는 자리에서는 술도 제법 마셨답니다. 일련의 모든 활동을 하면서 '중독'이라는 말이 저와 연관되어 있을 것이라는 생각을 해본 적은 단언컨대 한 번도 없었습니다. 아마 대부분 많은 분이 저와 같은 생각이지 않았을까요?

그런데 한국마약퇴치운동본부 경기지부에서 예방교육위원장으로 일을 하게 되면서 이 생각이 180도 바뀌게 되었어요.

청년과 장년 등 나이를 불문하고 '마약류 관리에 관한 법률'을 위반해 기소 유예 교육을 받으러 오는 수많은 사람들. 심지어는 기소 유예 교육 장소가 부족해서 이들을 다 수용할 수도 없는 상황을 알게 되면서 정말 많은 사람이 '마약류'에 관한 범죄에 노출된 것을 알게 되었죠.

마약 사범이라고 하면 떠오르는 이미지가 있잖아요. 왠지 범죄조직에 가입되어 있을 것 같고, 인상도 험악할 것 같은. 하지만 대부분은 특별한 사람들이 아니었습니다. 그저 나의 친구, 가족, 주위를 둘러보면 쉽게 마주칠 수 있는 그런 일반적인 사람들일 뿐이었어요.

이름을 불러주는 순간 꽃이 되듯, 관심을 가지면 보인다고 했던가요? 전에 스치듯 지나가던 마약류 관련 사건 뉴스도 예사롭게 보이지 않게 되었고, 사건의 표면만이 아닌 속내까지 알아보기 위해 한 번 더 검색하게 되었습니다.

그러면서 점차 심각성을 알아가게 된 것 같아요. '마약류'가 이미 우리 주변으로 얼마나 깊숙이 들어와 있는지, '마약류와의 전쟁'이라는 것이 단순히 구호뿐이 아닌 치열하게 벌어지고 있다는 현실이라는 것을요. 그리고 그 전쟁 속에서 엄청나게 많은 포로와 사상자가 나오고 있다는 사실도 알게 되었죠.

'마약류 중독'을 극복한 사람들이 직접 작성한 수기를 읽어 보면, 마약류에 벗어나기 위해 얼마나 힘들게 싸워 나가고 있는지를 알 수 있습니다. 표현 한마디 한마디에 느껴지는 삶을 파괴하는 약물 중독 무서움. 그 표현에 모골이 송연해지기도 합니다.

> "자신을 부수고 파괴하는 일임이 분명한 것을 알고 있으면서도 끊을 수 없는 괴물이었다."

> "한번 손대면 평생을 동반자처럼 함께해야 하는 무서운 병에 수많은 사람들이 걸려서 고립되어 있다. 몇 해를 끊었다고 해서 그것이 완전한 단절이 될 수 없는 것이 바로 마약의 강인한 생명력이다."

> "이때는 가정도 직장도 눈에 들어오지 않았다. 맹목적인 마약의 탐닉만이 있을 뿐이었다. … 이러한 생활이 지속되자 나도 모르는 사이에 정신 분열을 일으켰고 망상에 빠져 현실과 환청, 환각을

구별하지 못하는 상황에 이르렀다."

"지금도 난 완전히 마약을 끊은 것은 아닐 것이다. 다만 중단하고 있을 뿐이며, 회복자의 삶에 최선을 다하고 있는 것뿐일 것이다. 마약과의 길고 힘든 투쟁은 내가 저 하늘나라로 갈 때까지 계속되 겠지만, 나는 마약 중독자라는 멍에를 안고 평생 살아가야 할 것 같다."

〈마약류 중독자 22인의 극복체험수기
《후회와 눈물 그래도 희망이》 중에서〉

저도 알고 있습니다.

흡연이 건강에 해롭다는 것을 아무리 강조해도 누군가는 담배를 피운다는 것을요. 마약류의 무서움을 아무리 교육한다고 해도 누군 가는 '마약류'를 사용할 것입니다. 그런데 말이죠. 왜 '마약류' 남용이 우리에게 그토록 해악을 끼치는지 알지 못한 채, 마약류에 중독되어 버리는 사람들도 많은 것이 현실이기도 합니다. 특히 많은 마약류 중 독자들이 마약의 유혹에서 빠지는 경우는 심리적으로 약해졌을 때입 니다. 이때 약물의 무서움에 대해 철저하게 알고 있었다면, 그 유혹이 우리 마음의 문턱을 넘어오지 못하도록 막아낼 수 있는 힘이 조금 더 생기지 않았을까요? 그 어떤 것보다 개인과 주변의 삶을 송두리째 망가뜨리는 '약물'을 선택하는 어리석음을 조금은 줄일 수 있지 않았을까요?

이것이 제가 이 책을 쓰게 된 계기이며, 예방 교육의 중요성을 강조하고 있는 이유기도 합니다. 중독, 남용 약물을 사용하면 안 되는 이유는 소위 귀에 딱지가 앉을 때까지 떠들어야 합니다. 이 말들이 마치 해가 뜨면 해가 진다거나, 밤이 오면 아침이 온다는 것처럼 너무 당연한 이야기로 들려야 합니다. 마치 '담배=해로운 물질, 중독'이 바로 떠오르는 것처럼 말이죠. 이렇게 우리 모두 마음속에 마약류의 위험성이 진정으로 자리 잡는 순간, 우리는 악마의 유혹으로부터 아주 조금은 자유로울 수 있을 것입니다.

의료용 마약부터 불법 약물까지,
꼭 알아야 할 마약 예방법

마약,
중독의 시대를
말하다

제1판 1쇄 2025년 5월 26일

지은이 배현
펴낸이 한성주
펴낸곳 ㈜두드림미디어
책임편집 배성분
디자인 김진나(nah1052@naver.com)

㈜두드림미디어
등 록 2015년 3월 25일(제2022-000009호)
주 소 서울시 강서구 공항대로 219, 620호, 621호
전 화 02)333-3577
팩 스 02)6455-3477
이메일 dodreamedia@naver.com(원고 투고 및 출판 관련 문의)
카 페 https://cafe.naver.com/dodreamedia

ISBN 979-11-94223-71-9 (03330)

책 내용에 관한 궁금증은 표지 앞날개에 있는 저자의 이메일이나
저자의 각종 SNS 연락처로 문의해주시길 바랍니다.

책값은 뒤표지에 있습니다.
파본은 구입하신 서점에서 교환해드립니다.